Waw, merci, j'adore !

©2021. EDICO
Édition : JDH Éditions

77600 Bussy-Saint-Georges. France
Imprimé par BoD – Books on Demand, Norderstedt, Allemagne

Réalisation et conception couverture : Cynthia Skorupa

ISBN : 978-2-38127-112-5
Dépôt légal : février 2021

Le Code de la propriété intellectuelle n'autorisant, aux termes de l'article L.122-5.2° et 3°a, d'une part, que les copies ou reproductions strictement réservées à l'usage privé du copiste et non destinées à une utilisation collective , et d'autre part, que les analyses et les courtes citations dans un but d'exemple et d'illustration, toute représentation ou reproduction intégrale ou partielle faite sans le consentement de l'auteur ou ses ayants droit ou ayants cause est illicite (art. L. 122-4).
Cette représentation ou reproduction, par quelque procédé que ce soit constituerait une contrefaçon sanctionnée par les articles L. 335-2 et suivants du Code de la propriété intellectuelle.

Leïla Belakhdar

Waw, merci, j'adore !

La méthode pour libérer vos blocages

JDH Éditions
Baraka

La méthode Waw, merci, j'adore !

**POUR PLUS DE GENS EN MODE « WAW »
SUR LA TERRE**

*Un manuel et un outil simple et pratique
pour vous aider à prendre le contrôle
de votre vie et de votre réalité,
en restant en mode Waw, et
en vous libérant de vos résistances
conscientes ou inconscientes !*

Mot de l'auteur

Une vieille légende indienne raconte qu'il fut un temps sur la Terre où tous les êtres humains étaient des dieux et des déesses. Ils avaient tous accès à leurs pouvoirs divins, leur permettant d'être, de faire et d'avoir tout ce qu'ils voulaient, ainsi ils agissaient à leur guise sur la réalité. Mais ils abusèrent tellement de leur pouvoir qu'un jour, Brahma, le Dieu des dieux, descendit sur la Terre et convoqua tous les maîtres des dieux. Il leur annonça qu'il fallait retirer le pouvoir divin à l'Homme, car il n'était pas prêt et ne savait pas en faire bon usage, son égo et ses peurs restant trop présents et immatures.
L'Homme devait apprendre davantage à utiliser son cerveau, à structurer sa conscience en l'alignant à l'amour universel. D'ici là, il fallait cacher ce pouvoir.

La question était de savoir où le cacher. Certains maîtres proposèrent de cacher le pouvoir divin au fond de l'océan, mais Brahma savait que l'Homme rêvait d'explorer le fond des océans et, comme l'histoire de l'humanité le démontre bien, quand l'homme croit fort en ses rêves, il finit par les réaliser. Il commence souvent par une utopie qui devient réalité un jour ou l'autre. Un autre maître proposa alors de cacher ce pouvoir créateur divin sur la Lune. Brahma répondit : « L'homme trouvera un moyen de s'y rendre bientôt, il regarde la Lune tous les soirs avec un désir ardent et une grande foi, cultivant l'espoir de la toucher un jour, donc il y arrivera. » Les propositions de cachettes continuèrent pendant des heures, mais aucune ne convenait à Brahma.

Après un long silence, Brahma dit : « Je sais où nous allons cacher la divinité de l'Homme, nous allons mettre son pouvoir créateur au plus profond de lui-même, c'est le seul endroit où il n'ira pas chercher. » Et depuis, l'Homme continue à parcourir le monde, à chercher à l'extérieur ce qu'il a à l'intérieur, un peu comme le monsieur qui porte ses lunettes sur la tête et qui les cherche partout.

Voici le pouvoir que je vous propose de libérer, avec beaucoup de grâce, d'aisance, de paix et d'amour.

Leïla

MISE EN CONDITION

—1—

Mon propre parcours

Comme beaucoup de personnes sur cette Terre, j'ai été éduquée et programmée de façon à suivre parfaitement un schéma très répandu aujourd'hui, celui qui consiste **à faire pour avoir et enfin être.** Et comme mon vœu le plus cher a toujours été d'être heureuse, j'ai pris le chemin indiqué par la société. Du moins au début, parce que je me suis vite aperçue que c'était une illusion.
Comme beaucoup d'enfants, je percevais déjà le décalage entre les « dire », les « faire », et les vrais « états » d'être des personnes qui m'entouraient.

L'histoire de John Lennon qui m'a inspirée

Cela me fait penser à John Lennon. Quand un professeur lui avait demandé lorsqu'il était petit : « Qu'est-ce que tu veux faire plus tard ? », il avait répondu : « Je veux être heureux. » Le professeur lui avait dit qu'il n'avait pas compris la question. John avait répondu : « Vous n'avez pas compris la vie. »

Faire pour avoir et enfin être

Ma priorité à moi aussi a toujours été de me sentir bien, et c'est celle de tout le monde. Alors que fallait-il faire pour être heureuse ? J'avais compris que la société actuelle préconisait de FAIRE. Oui, faire beaucoup de choses : des études, des devoirs, des rencontres, des diplômes, de l'exercice, des jobs, boulots et de nombreux travaux divers et variés. Cela me permettrait d'AVOIR : de l'argent, une maison, un mari, une voiture, des vacances, une nouvelle famille, des amis, un travail, la sécurité financière, une bonne santé. On m'a même fait croire qu'après tout cela, je pourrais enfin ÊTRE : heureuse, épanouie, libre, confiante, joyeuse, libre de mon temps... enfin, à la retraite.

Le chemin « erroné » que la société propose est souvent celui-ci :

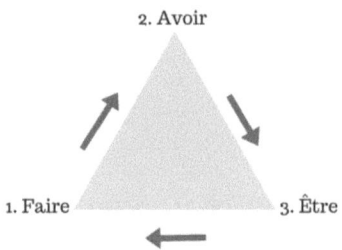

Faire pour Avoir et enfin Être

J'ai fait tout ce qu'il fallait faire, **j'ai eu** tout ce que monsieur et madame tout le monde rêvent d'avoir, **mais je n'étais pas** heureuse ! Le pire dans ce schéma, c'est que mes états d'être dépendaient de ce que j'avais et de ce que je faisais. J'étais ce que je faisais. Et comme je n'atteignais pas ce sentiment de bien-être tant recherché, j'en faisais encore et encore plus, jusqu'à épuisement. Je donnais aux autres, à mon travail, dans mes devoirs toute la semaine et j'étais épuisée le week-end. Je n'avais plus d'énergie pour moi, ni même la capacité d'apprécier tout ce pour quoi je donnais autant la semaine.

À cette époque, c'était impossible pour moi de me dire : « Waw, merci, j'adore ma vie »... Ça aurait sonné tellement faux. Je vous expliquerai ce que veut dire cette méthode juste après. Continuez de lire avec curiosité et détachement.

Avant de pouvoir être vraiment honnête avec moi-même, il m'a fallu plusieurs évènements compliqués pour enfin admettre la triste vérité, à savoir que je me mentais, que je faisais comme si. J'avais mis le masque du « faire-semblant » d'aller bien, je me racontais des histoires pour me convaincre que j'étais bien, je mentais à mon cœur... à mon âme, à mon essence. Une façon très simple de savoir s'il l'on ment à son cœur, c'est de mesurer son niveau de joie quotidien. Est-ce que je riais tous les jours ? À l'époque, non ; aujourd'hui, c'est une habitude presque quotidienne.

Comme beaucoup d'entre nous, j'avançais avec les informations que j'avais, en faisant du mieux que je pouvais. Ce mieux à ce moment-là était simplement le choix de croire à des mensonges pour ne pas perdre la sécurité affective et matérielle qui était devenue ma cage dorée. Au fond de moi, j'entendais parfois cette petite voix, la petite fille en moi, qui me disait : « Tu fais fausse route... Tu n'as pas envie... Tu n'as rien à faire ici... Tu n'es pas celle que tu veux être... » Alors, grâce à de petites stratégies d'étouffement ou d'auto-sabotage, de déconnexion, j'arrivais à faire comme si. Dès que le dialogue interne devenait trop dur à entendre, je me réfugiais dans la nourriture, l'alcool, la télévision, les discussions inutiles ou dans le travail, qui était une belle addiction pour moi. Je faisais le soldat, action sans réflexion, j'exécute et je ne m'écoute surtout pas.
Il m'a fallu me retrouver bloquée dans la révolution thaïlandaise, frôler la mort et vivre deux licenciements pour enfin avoir le courage de me poser les bonnes questions pour changer positivement ma vie.

Et si l'argent n'était pas en jeu et que j'étais sûre de réussir, qu'est-ce que je ferais ?

Et si l'argent n'était pas la question, qu'est-ce que vous feriez ? On se cache beaucoup derrière l'argent pour se trouver des raisons de ne pas faire les choses.

Waw, merci, j'adore !

Alors j'ai décidé, sans même savoir comment, de renverser le sens de cette règle. Je suis passée du Faire-Avoir-Être au ÊTRE-FAIRE-AVOIR.

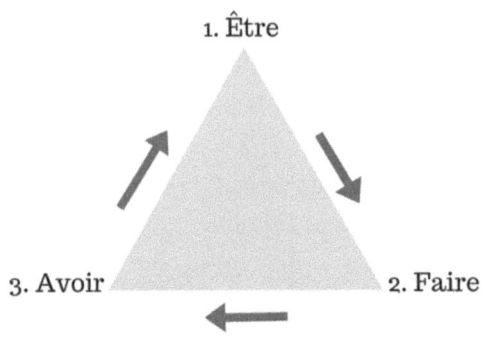

J'ai décidé de ne pas attendre la retraite pour être bien, de ne pas attendre d'avoir plus d'argent, d'avoir plus d'amour, d'avoir plus d'amis, d'avoir plus de reconnaissance, d'avoir plus de joie pour Être MOI. Une des décisions magiques a été celle **de m'aimer sans condition.**

J'ai compris en découvrant les grandes lois du succès, comme la loi d'attraction et la loi de la vibration, que mon être était le centre créateur de ma vie, que tout dépendait de moi, de mes émotions et surtout de mes pensées. C'est puissant de constater comment une décision ou une simple bonne question peut faire basculer notre vie du bon côté. J'adore cette phrase qui dit : « Le succès ne tient qu'à une décision. »

Un journaliste avait interviewé un président en lui demandant : « Comment vous avez fait pour prendre de si bonnes décisions ? » Il avait répondu : « J'ai pris des décisions… et ensuite, j'ai fait en sorte qu'elles soient bonnes. » Un des plus gros blocages des gens, c'est l'indécision. Voici ce que je conseille dans ces cas-là : « au moins, décidez de ne pas décider », comme ça, vous restez dans un espace de décision qui augmente votre puissance personnelle. J'adore voir les gens rester dans leur plein pouvoir en prenant la responsabilité de décider ou de ne pas décider.

La vraie Leïla, heureuse et lumineuse

Après avoir voyagé dans plus de trente-trois pays, vendu les produits de châteaux dans les quatre coins du monde pour de grands négociants bordelais, j'ai décidé de changer de vie, de remettre mes rêves sur le devant de la scène, avec la vraie Leïla, heureuse et lumineuse, comme j'étais arrivée au monde et que j'ai toujours voulu continuer à être. Picasso disait : « Tous les enfants sont des artistes ; le plus dur, c'est de le rester. » Moi, je dirais : « Tous les enfants sont des lumières de joie ; le plus dur, c'est de continuer de briller. »
Ainsi, le train des rêves et du possible était lancé. Je suis descendue en moi, me suis installée confortablement et j'ai commencé à lire, étudier, pratiquer la majorité des méthodes de développement personnel. Malgré mon bac +5, j'ai tout recommencé à zéro en faisant mon Master Coach professionnelle ; j'ai été formée à de nombreuses techniques, allant de Maître praticien en PNL (Programmation Neuro-Linguistique), praticienne en EFT (*Emotional Freedom Techniques*, technique de libération des émotions), Praticienne en hypnose ericksonnienne, formée en ennéagramme, Master Coach praticienne en TLS et bien d'autres initiations spirituelles et scientifiques avec les meilleurs coachs américains et maîtres indiens.

Ces connaissances d'une grande richesse, qui devraient être enseignées dans toutes les écoles du monde, nous permettent de mieux nous connaître et par conséquent d'avoir plus confiance en nous. Quand on a la grille de lecture de l'intérieur, tout semble plus clair et merveilleusement logique. C'est comme avoir une lampe torche pour traverser la forêt en fin de journée : c'est plus rassurant. L'ombre a juste besoin d'être éclairée pour disparaître.

Chaque jour est accompagné de sa révélation. Les voiles se levaient chaque jour davantage. Tout cela remuait mon passé et son lot de blessures refoulées aussi. D'un côté, j'étais motivée par mon besoin d'amour, de vérité et de liberté suprême. De l'autre côté, je sentais des résistances de plus en plus fortes et douloureuses. Ça faisait mal de réveiller mes blessures, les émotions étaient fortes, et certains jours, je me sentais submergée, presque dépressive, avec la prise de conscience des pensées négatives et des blessures que j'avais niées. Je voulais des solutions pour libérer cette colère, cette tristesse que je maintenais, comme on appuie sur un ballon pour le garder sous l'eau. Mon corps ressentait de la pression.

Toutes ces techniques et méthodes s'avéraient trop longues, pompeuses et compliquées. Je voulais une méthode simple qui marche.

La naissance de la Méthode Waw merci, j'adore

En rencontrant les fondateurs de Secret to Life Coaching en novembre 2014, j'ai découvert la technique qu'ils avaient créée – the Subconscious Release Technique, une technique de libération du subconscient – et cela a été une révélation. Enfin une technique rapide, simple et efficace. Je l'ai pratiquée pendant des mois, et au fur et à mesure, je fus inspirée, durant mes temps de méditation et de pratique avec mes groupes de coachs que je formais, pour améliorer la technique et la rendre accessible au plus grand nombre, de manière ludique et simple.
Ainsi est née la Méthode Waw, merci, j'adore ! La méthode pour se libérer des blocages. Il s'agit de s'affranchir des blocages émotionnels et du subconscient. La méthode s'appuie sur les fondamentaux de la PNL, de l'hypnose erickson-

nienne, de sophrologie, ennéagramme et EFT en gardant le meilleur de chacun et surtout en permettant des résultats rapides. J'y ai ajouté aussi l'échelle émotionnelle, car beaucoup d'entre nous ont besoin d'être éduqués aux émotions pour comprendre comment elles sont hiérarchisées, créées et engrammées dans les mémoires cellulaires de notre corps.

 **Définition officielle du dictionnaire :
Waw, 27ᵉ lettres de l'alphabet arabe.**

Dans son célèbre ouvrage *L'eau, mémoire de nos émotions*, monsieur Masaru Emoto, docteur en médecine et auteur japonais, reconnu pour sa théorie sur les effets de la pensée et des émotions sur l'eau, démontre scientifiquement la relation de cause à effet qui existe entre nos pensées et la forme cristalline que prend l'eau.

Il a mis en évidence l'incidence d'éléments extérieurs sur la structure cristalline de l'eau après congélation. Il a découvert que les cristaux étaient de deux types différents, en fonction de l'exposition de l'eau soit à des vibrations positives, soit à des vibrations négatives.
Ainsi, une eau qui a été exposée au mot « Merci » développait des cristaux beaux et équilibrés, alors qu'une eau en présence du mot « Stupide » montrait des structures chaotiques et perturbées.
Les cristaux les plus parfaits ont été donnés par une eau dans une bouteille sur laquelle étaient écrits les mots « Amour » et « Gratitude ».
C'est fascinant, sachant que nous sommes constitués à 90 % d'eau ! Cela corrobore le pouvoir de nos pensées sur notre corps et sur le corps des autres autour de nous. Si nous

Waw, merci, j'adore !

sommes en mode Waw ou en mode Zombie, les cristaux de l'eau de notre corps ressembleront à :

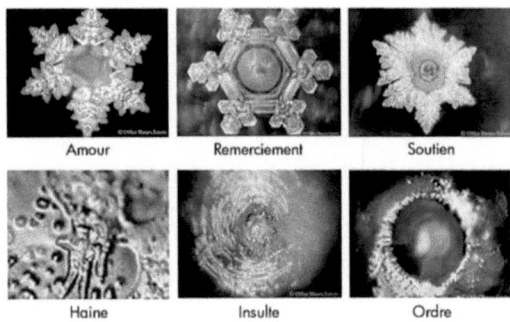

Analyse de la structure de l'eau soumise à différentes influences extérieures.
Extrait des travaux du Docteur Masaru Emoto.

« Connais-toi toi-même et tu connaîtras l'Univers et les dieux. »
Socrate

La Méthode Waw, merci, j'adore, est un outil d'alignement entre le corps, l'esprit et l'âme. Aucun d'eux ne peut être en harmonie sans les deux autres. L'erreur que font beaucoup de gens dans le développement personnel, c'est de ne travailler que sur un seul aspect de leur être, en oubliant la triade sacrée : corps, âme et esprit.

Ce processus permet d'identifier avec la conscience, de donner une éducation émotionnelle, de se libérer les mémoires émotionnelles du corps et de mettre de nouvelles informations en accord avec votre cœur et votre âme. C'est bien plus qu'une technique, c'est une philosophie de vie.

— 2 —

La Méthode Waw, merci, j'adore !

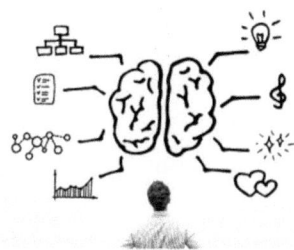

Il y a 2 étapes principales : la libération et la structuration

L'étape 1 : on libère et on lâche…
On donne l'ordre au cerveau en conscience de se libérer de certaines blessures, croyances, perceptions ou émotions gênantes.
L'étape 2 : on restructure.

Waw, merci, j'adore : l'état final désiré
Waw : c'est une exclamation de joie, de satisfaction.
Merci : ça veut dire que tu l'as reçu !
J'adore : c'est le mot magique qui fait passer à l'action notre cerveau !

Le but principal de cette méthode est de bien communiquer avec le cerveau. De lui donner les bonnes instructions. Je vous expliquerai juste après les fondamentaux à connaître au sujet de notre cerveau.

Waw, merci, j'adore !

Réfléchissez un instant : dans quels contextes est-ce que vous dites « **Waw** » ? La plupart du temps, c'est quand vous avez atteint un état de bien-être et de joie, de satisfaction ou d'admiration. Cela peut être pour certains une exclamation de joie universelle, un cri de joie, une surprise positive ; pour d'autres, ce sera associé à un souffle de gratitude, une expiration de soulagement.
Cette onomatopée est très positive et le cerveau l'associe tout de suite à un état de satisfaction très positive.
Merci, c'est reconnaître ce qui nous est donné. C'est apprécier ce que l'on a déjà. Aujourd'hui, même la science le prouve, le sentiment de gratitude a un effet puissant sur le cerveau. Il envoie l'information au système nerveux que vous avez reçu quelque chose, donc que c'est réalisé. Ce mot agit sur le cerveau en activant l'hormone du plaisir, des réactions chimiques dans le corps qui créent la sensation de bien-être et nous connectent à notre plénitude.
Dire merci présuppose que l'on a reçu et que c'est possible.
Il existe de nombreux livres et études sur le pouvoir et les bienfaits extraordinaires de la gratitude, notamment celui du docteur Robert Emmons dans son livre *La gratitude*. Les études prouvent aujourd'hui que les personnes reconnaissantes ressentent plus d'émotions positives, elles sont en meilleure santé. La pratique de la gratitude écarte les impulsions négatives, les envies de destruction, de ressentiment, d'avidité et d'amertume. Repenser à la dernière fois que l'on vous a remercié, c'est aussi agréable pour celui qui le dit que celui qui le reçoit, comme une douce vague de chaleur. Ça donne envie de donner plus.

<u>Un de mes clients me disait encore :</u>
« Parfois, en conduisant ma voiture, je me surprends à penser à toutes les factures que j'ai à payer, aux salariés, aux impôts, aux frais des enfants et je me mets à passer en revue toutes les pressions financières qui me

Mise en condition

pèsent. Je commence à me sentir tendu, stressé, et là, j'utilise la Méthode Waw, merci, j'adore !
Je me dis Waw, merci, j'adore ! Merci, je suis en bonne santé ! Merci, j'ai de super enfants, un travail que j'aime, une femme merveilleuse… Je remercie la vie et j'ai presque des larmes de gratitudes qui arrivent.
Je me rappelle, oui, j'adore aider les gens autour de moi, et c'est reparti. »

J'adore ! Parce que le cerveau est programmé à vous éloigner de ce que vous n'aimez pas. Plus vous dites « je n'aime pas », « je ne supporte pas », « je n'ai pas envie », « je dois », et plus une lourdeur et de la résistance seront actionnées dans le corps. **Notre cerveau réalise ce qu'il croit être notre plus grand désir.**
Dire « j'adore ! » équivaut à dire à son cerveau : « C'est mon plus grand désir ! »

Le cerveau répond à ces 3 choses :

1 – **Les images** que vous lui montrez.
2 – **Les mots** que vous lui adressez.
3 – **Il réalise** ce qu'il *croit* être votre plus grand désir.

GARDEZ LE POUVOIR.

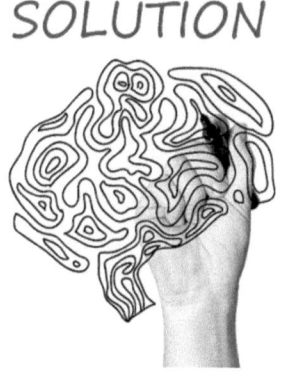

Waw, merci, j'adore !

Un puissant moyen d'être, de faire et d'avoir

Mon intention est que des millions de personnes puissent être, faire et avoir ce qu'elles veulent, et surtout que chacun ait à sa disposition les clés pour se sentir bien ici et maintenant. Et ça commence par apprendre à communiquer avec son cerveau.

Ce manuel pratique a été créé dans l'intention d'aider tous ceux qui cherchent à comprendre pourquoi ils n'obtiennent pas ce qu'ils veulent dans leur vie et quelles sont les raisons qui font qu'ils continuent à répéter les mêmes schémas, consciemment ou inconsciemment, afin de s'en affranchir.

Ce manuel est un outil concret, qui permettra à toute personne de se libérer de ses blocages conscients ou inconscients, afin de passer à l'action et de matérialiser les résultats qu'elle souhaite obtenir. Dépasser l'état de conscience et activer la transformation en intégrant ces parties de nous, inconsciemment écartées, et en transformant nos perceptions grâce au pouvoir des mots.

Beaucoup de personnes travaillent sur elles-mêmes depuis des années en cherchant les origines du pourquoi. Pourquoi elles ne se sentent pas bien, pourquoi elles n'y arrivent pas, pourquoi elles attirent toujours les mêmes personnes ?

Elles ont toutes trouvé des réponses plus ou moins claires qui se justifient par la somme des apprentissages qu'elles ont reçus consciemment ou inconsciemment, par un héritage génétique, par un environnement familial ou encore à cause de chocs traumatiques dans leur vie ou celle de leur entourage.

Comment gérer la prise de conscience du fait que nous sommes les créateurs de notre vie ? Je ne détiens pas encore toute la vérité, mais je propose des modèles qui donnent plus

Mise en condition

de liberté aux êtres humains afin que chacun se connecte à son pouvoir créateur.

Ne serait-il pas merveilleux de prendre la responsabilité à 100 % ? Cela permet de se considérer comme capitaine de son âme et maître de son destin. Et si vous observez bien ce secret, plus nous prenons de responsabilités et plus nous sommes puissants. La vie donne toujours plus d'énergie à ceux qui prennent des responsabilités.

L'extraordinaire pouvoir de la pensée

Parlons maintenant de nos pensées. Dans toute l'histoire de l'humanité, tous les grands hommes, prophètes, rois, philosophes, artistes, scientifiques sont d'accord sur une seule vérité : nous créons et agissons sur notre monde avec nos pensées.

« Nous sommes ce que nous pensons. Tout ce que nous sommes résulte de nos pensées. Avec nos pensées, nous bâtissons notre monde. »
Bouddha

« Nous sommes ce que nous répétons chaque jour. »
Aristote

Vous connaissez probablement la loi d'attraction, c'est l'une des lois universelles les plus puissantes, elle nous démontre clairement que « nos pensées deviennent des faits », comme le disait Einstein. Cette loi d'attraction est basée sur le principe suivant : « Ce qui se ressemble s'assemble. » L'énergie de l'univers répond à l'émission de nos pensées, qui finissent par prendre forme selon l'intensité de concentration et créer notre réalité. Einstein a même déclaré : « Nos pensées sont des faits. »

Waw, merci, j'adore !

Il est prouvé aujourd'hui par les neurosciences que notre cerveau émet plus de 60 000 pensées par jour. Chaque pensée envoie des fréquences dans l'Univers et chaque fréquence trouve un écho et peut se matérialiser selon certains paramètres à un instant T.

Comprenez bien que nous émettons de l'énergie dans un monde constitué d'énergie. Avant de donner forme à quoi que ce soit, l'Homme le façonne dans son esprit et émet cette forme de pensée dans l'Univers. Ce que j'appelle Univers, c'est l'océan énergétique dans lequel nous évoluons. Il est invisible pour l'œil, mais il est là. Aller contre cette vérité serait comme si un poisson disait qu'il ne vit pas dans l'eau. Einstein nous l'a démontré dans sa formule $E=mc^2$, qui signifie en résumé : l'Énergie = la matière.

Le grand scientifique de nos jours, Grigori Grabovoi, qu'on appelle en Russie « l'homme aux rayons X », est détenteur de plusieurs doctorats, en mathématiques, en physique et en sciences techniques.
Le sujet de sa thèse de physique a été la démonstration de la formule de la réalité universelle : $E=VS$ (Énergie= Volume d'information traitée par seconde). Cette formule scientifique prouve que notre capacité à matérialiser et à harmoniser notre réalité est directement proportionnelle à la structuration de notre conscience, c'est-à-dire au volume d'informations que celle-ci peut traiter en un temps donné.
Aujourd'hui, en tant qu'être humain du 21e siècle, nous sommes en pleine structuration de notre conscience afin d'être en mesure de traiter un plus grand volume d'informations et d'utiliser de plus en plus les super pouvoirs de notre cerveau et de notre esprit.

Mise en condition

Je suis tellement heureuse de vivre à cette ère de l'humanité, où l'information est devenue tellement accessible à tous. C'est une grande liberté offerte à tous. Pour mieux comprendre les inégalités, il faut se rappeler que chacun fait du mieux qu'il peut avec les informations qu'il a reçues durant son enfance et au cours de sa vie.

Pour moi, il n'y a pas d'êtres mauvais ou méchants, il y a seulement des êtres qui n'ont pas reçu la bonne information et un manque d'amour, ou du moins de conscience d'amour, car nous sommes l'amour.

Ce n'est pas en enfermant des gens dans des cellules qu'on va les guérir ou les voir sortir comme des saints.

Histoire intime

Laissez-moi vous raconter quelque chose de très intime ; d'ailleurs, je ne pensais pas en parler dans ce livre. Après tout, ce n'est qu'un fait, ma seule petite crainte serait que ma mère l'apprenne, mais elle ne sait pas lire, et si elle doit l'apprendre, je l'accepte maintenant.

Nous sommes en 2020 ; il y a quelques semaines, un journaliste d'une grande radio française me contacte pour me dire qu'il souhaiterait m'interviewer. J'étais toute contente, je me suis dit : « Oh, super, il va m'aider à partager ma méthode avec le plus grand nombre. » Je l'appelle et, à ma grande surprise, il me dit : « Vous rappelez-vous ce que vous avez vécu en 2001 à Poitiers ? » Tout de suite, j'ai compris. J'ai failli raccrocher, mon cœur s'est mis à s'accélérer… « Je ne comprends pas pourquoi vous me parlez de ça. » Il me répond : « Eh bien, l'homme qui a été condamné à 18 ans de prison pour le préjudice que vous avez vécu a été relâché et il

Waw, merci, j'adore !

a récidivé, sauf que cette fois-ci, la fille est morte... Qu'est-ce que vous en pensez ? »

Je ne savais pas quoi dire : je sentais de la colère monter en moi, ça s'agitait dans mon corps. J'ai fait la méthode WMJ, et je lui ai dit que je le rappellerai le lendemain pour répondre à ses questions, que j'avais besoin de méditer...
Après une bonne méditation, j'ai réalisé que j'avais entièrement pardonné à cet homme et que cet évènement était complètement intégré dans mon corps et mon esprit avec amour et responsabilité.

Mais quand quelque chose nous met en colère, c'est qu'il y a une partie de nous qui se sent blessée.

J'ai alors compris qu'il fallait que je guérisse complètement une blessure avec le système de la justice. Je savais que la vie me permettait d'aider un plus grand nombre de femmes en partageant mon expérience, et même si ça change la vie d'au moins une femme, alors j'ai gagné.

Le journaliste m'a alors interviewée et mes réponses ne semblaient pas le satisfaire ; il ne comprenait pas comment je faisais pour être aussi rayonnante, apaisée et joyeuse malgré cela. Je lui ai dit : « Je remercie la vie pour tous les apprentissages qu'elle m'a apportés. Grâce à cet évènement, j'ai appris à me connaître, à développer ma compassion, je me suis intéressée à la psychologie humaine, au cerveau, j'ai aidé des milliers de personnes à changer de vie et reprendre les commandes de leur vie. J'ai pu renaître de mes cendres et en pleine conscience, et aujourd'hui, je vis la vie de mes rêves. »

Ce qui a été le plus long à guérir, c'était de récupérer mon innocence et ma responsabilité. Je suis rentrée dans un

Mise en condition

tribunal, telle une jeune femme innocente, témoin d'actes horribles, et je suis ressortie avec un statut de victime. Comme une étiquette qu'on avait déclarée officiellement devant toute une Assemblée. Ce fut ça, mon plus gros fardeau... On avait touché à mon identité, et ça m'a pesé pendant des années, comme un boulet accroché à ma cheville.

Je souhaiterais un jour que la justice internationale change ce terme ; quand on déclare que quelqu'un est victime, on le dépossède de sa responsabilité et on crée en lui un schéma d'impuissance.
On pourrait donner un autre terme plus juste comme « témoin d'un drame », cela permettrait que la justice soit rendue sans pour autant toucher à l'identité de l'être.
Je souhaite de tout mon cœur qu'une nouvelle terminologie soit apportée. Ils ont coupé ce passage dans la rediffusion... c'est pourquoi je le rajoute dans mon livre :

On était en zoom, il avait les yeux écarquillés de surprise. Il me demanda : « Et que pensez-vous du fait qu'on l'ait relâché et qu'il ait récidivé, quelle est la responsabilité de l'État ? »

« Je pense qu'il est temps de sortir de l'illusion de croire qu'en enfermant quelqu'un plusieurs années dans une cellule, il en ressortira plein de gentillesse et de bienveillance. Il ne suffit pas d'enfermer quelqu'un pour avoir des solutions, il est indispensable de s'occuper de la guérison et de la rééducation à mettre en place. Je suis convaincue que la pratique du yoga, de la méditation, de la pensée positive devrait être obligatoire dans les prisons. On devrait leur donner des cours obligatoires de méditation tous les jours, à écrire, à transformer leurs pensées obscures en pensées positives...

Waw, merci, j'adore !

Des séances d'hypnoses devraient être systématiques dans certains cas pour les aider à contrôler leurs impulsions et leur envie de destruction.
Je ne crois pas à l'idée que l'on guérisse le mal par le mal. La clé, c'est d'apporter de la lumière, des prises de conscience, de la connaissance puissante et de les aider à s'aimer de nouveau. Je suis peut-être avant-gardiste, mais pour moi, la vraie solution se trouve dans l'aide à la guérison mentale et émotionnelle.
Pour moi, il n'y a pas de mauvais êtres, il y a seulement des personnes blessées, en manque d'amour et en manque des bonnes informations. »
Fin de l'interview.

Revenons-en à la Méthode Waw, merci, j'adore !

Le meilleur reste à venir : prenez conscience et décidez de passer à l'action

Vous trouverez ici un outil concret qui vous permettra d'avoir des résultats concrets et mesurables. La Méthode Waw, merci, j'adore ! vous fera passer au-delà de la prise de conscience ; elle vous connectera à la force et à toute la confiance dont vous avez besoin pour prendre des décisions qui vous feront passer à l'action.

Le processus se fait par ces trois étapes indispensables. D'abord, vous prenez conscience, ensuite, vous décidez de ce que vous voulez, et enfin, vous passez à l'action avec la méthode. C'est ce qu'on appelle le véritable processus du changement durable, que je nomme aussi les 3 P :

1 – Prise de conscience
2 – Prise de décision
3 – Passage à l'action

Mise en condition

Le problème vient le plus souvent de la phase 2. Les gens ont peur de prendre des décisions, car cela entraîne des changements et le cerveau reptilien résiste à la nouveauté. Il préfère une situation misérable mais confortable à une nouvelle et favorable.

Rassurez-vous, ce n'est pas vous que vous allez changer, mais juste quelques mots, quelques images, des comportements émotionnants qui vous limitent. Vous êtes comme un diamant brut, vous allez polir le surplus de poussière pour retrouver votre éclat d'origine.

Le meilleur reste à venir, votre vie ira toujours de mieux en mieux. Je sais, c'est peut-être plus facile d'y croire quand on a grandi dans un environnement sécurisant. La bonne nouvelle, c'est que la sérénité et le sentiment de sécurité, ça s'apprend aussi, et ça se façonne à l'intérieur de nous-mêmes.

<u>Laissez-moi vous raconter l'histoire du cheval</u>

Un petit garçon de 7 ans marchait dans la rue où il vivait avec ses parents, dans un petit village de campagne. C'étaient les grandes vacances. Ce jour-là, comme tous les dimanches matin, il allait à la boulangerie acheter une baguette et prendre une friandise. Sur le retour, il aperçut dans le jardin d'un voisin un énorme bloc de pierre, une  *masse de plus de 2 mètres de haut et 3 mètres de large. Il était curieux de savoir ce que le voisin allait en faire.*

2 mois passèrent, il était de retour d'un été passé à l'étranger, il retourna à la boulangerie comme à son habitude, et là… en passant devant la maison, il vit dans le jardin un magnifique cheval blanc sculpté dans la pierre ; il était ébloui par autant de beauté. Il vit alors le voisin sortir et lui demanda :

Waw, merci, j'adore !

— *Monsieur, Monsieur, c'est vous qui l'avez fait ?*
— *Oui, répondit-il.*
— *Comment vous saviez qu'il y avait un cheval à l'intérieur ?*

La valeur de cet ouvrage dépendra surtout de l'utilisation que vous en ferez. Je peux vous offrir le plus bel instrument de musique, si vous ne décidez pas d'apprendre à en jouer, vous ne pourrez pas avoir le plaisir d'entendre votre musique.
L'instrument que je vous propose ici est celui qui vous permettra de jouer votre propre musique, qui est unique, comme vous.

« Non, non, non, ce n'est pas vrai tout ça, ça ne marchera pas, ça semble bizarre, encore une méthode de plus… »

Voici les phrases que peut dire votre égo, qui a pour vocation principale de vous empêcher de changer. Il a peur de l'inconnu, il vous préférera malheureux dans le connu. Son objectif est que vous continuiez à faire les mêmes choses. Il est régi par vos peurs et vos stratégies de survie. C'est le roi du scepticisme, de l'excuse et du doute immobilisant.

Notre égo nous sépare du monde et n'aime pas tout ce qui est développement personnel, pour lui significatif de mort. Il fera tout pour vous en détourner. Mais le chef, c'est vous, pas votre égo. Il a un rôle précis, mais il doit rester à votre service et non l'inverse.

L'égo dit NON à ce qui est bon pour lui parce qu'il n'aime pas l'inconnu.

Mise en condition

Si vous l'écoutez, vous refermerez ce livre en vous disant « je continuerai plus tard » et il fera en sorte que vous n'y reveniez pas.

Avant de continuer, je vous invite à prendre une décision concernant votre égo. Cela peut se formuler sous forme d'intention, par exemple :

- Je prends la responsabilité de mon égo.
- J'ai l'intention de reprendre le pouvoir sur mon égo.
- J'ai l'intention d'être libre, peu importe mon égo.
- J'ai l'intention de maîtriser et contrôler mon égo pour me réaliser librement.

Et dites-vous Waw, merci, j'adore aller dans l'inconnu, car c'est bon pour moi et pour mon bien être.

Vous êtes unique et incomparable

Sur sept milliards d'habitants, il n'y a pas une personne qui ait le même patrimoine génétique que vous. Il n'y a pas une autre personne qui ait vécu ce que vous avez vécu, qui ait rencontré les mêmes  personnes que vous, vu ce que vos yeux ont pu voir ou ressentir ce que vous avez ressenti. Alors, cessez de vous comparer aux autres et avancez vers ce qui est juste pour vous et vous procure plus de joie.

Alors, me direz-vous, comment me libérer de tous ces blocages conscients et inconscients qui m'empêchent d'être, de faire et d'avoir tout ce que je veux ?

Waw, merci, j'adore !

Eh bien, tout d'abord en vous ouvrant à la possibilité d'accepter que tout part de votre être. Que tout part de vous. Que c'est votre intérieur qui agit sur votre extérieur. C'est cette aventure intérieure que je vous propose ici, à l'aide d'outils concrets et pragmatiques, qui vous permettront de vous libérer de vos peurs, croyances et blocages émotionnels afin d'aller plus loin, en vous sentant bien.

— 3 —

Le processus de libération de vos blocages ou résistances se fera en 3 étapes

Phase 1 : Prise de conscience

Dans un **premier temps,** vous aurez à votre disposition des outils de **prise de conscience**, pour mieux vous connaître, vous comprendre et surtout mieux vous accepter. Sachant que le plus important est de créer et de vous connecter à celui ou celle que vous voulez devenir.

Vous ne pourrez pas modifier quoi que ce soit de manière durable dans votre réalité ou dans votre être sans passer par la phase de conscience, d'acceptation ou de reconnaissance. Chaque comportement, émotion, croyance ou état détient un message caché, un cadeau, une intention positive.

Je ne vous demande pas de croire tout ce que je dis, mais de vous poser les questions suivantes : est-ce que ce modèle m'aide ou me limite ? Est-ce que croire cela me donne plus de choix ? Est-ce que croire cela fait de moi un homme ou une femme plus libre ?

Pour ma part, j'ai un jour pris la décision de croire à tout ce qui m'aidait à expérimenter la joie et à augmenter ma puissance personnelle. Il n'y a pas de bien ou de mal, il n'y a que des choses qui nous aident ou des choses qui nous limitent. Comme il n'y a pas de gens bons ou mauvais, mais plutôt des gens heureux ou malheureux.

Waw, merci, j'adore !

Un vieux sage soufi a dit à un jeune homme qui partait en voyage : « Reste sur le chemin du bien. » Le jeune homme a répondu : « Comment être sûr d'être sur la bonne voie ? » Le sage a rétorqué en souriant : « Pose-toi régulièrement cette question : "est-ce que mes actions sont au service du tout ou seulement de moi ?" Quand tes actions viendront seulement nourrir ton égo, tu le sentiras, les rires et les joies de ton cœur se feront plus rares. »

Phase 2 : Prise de décision

Dans un **deuxième temps**, après avoir identifié les comportements, évènements, croyances, décisions, interdictions ou environnements aidants ou limitants que vous avez stockés, vous aurez l'opportunité de décider de ce que vous voulez créer pour le reste de votre vie.

NOTRE CHER CERVEAU

Décider et choisir sont les deux mots-clés pour vous adresser à votre cerveau. Je veux vous aider à bien prendre conscience des mots et des images que vous utilisez au quotidien.

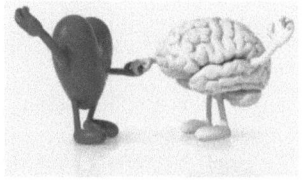

Rappelez-vous : **le cerveau répond à deux choses, les mots et les images que vous lui donnez.**

Il est programmé à vous éviter de souffrir et à vous maintenir en vie. Le cerveau reptilien vous évitera de regarder vos blocages s'il y a trop de blessures, à moins que vous lui en donniez l'ordre en pleine conscience. C'est ce que nous ferons avec la Méthode Waw, merci, j'adore !

Mise en condition

Notre cerveau est une machine à prévoir le futur, et s'il ne voit pas bien l'image de la destination finale, il se réfère au passé et répète les mêmes scénarios. C'est pourquoi la capacité à visualiser l'image finale de nos désirs est un outil très puissant.

Ayez le courage de décider et de choisir chaque jour : les décisions sont juste une étape permettant d'aller aussi loin que l'on peut voir ; une fois qu'on y est, on peut voir plus loin. Une fois là-bas, nous pouvons réadapter nos décisions en fonction de la vision de nos rêves et la vibration de notre cœur.

Tout engagement est fourni avec des options de renégociation, c'est vous le maître du jeu. À vous de créer un jeu où vous gagnez toujours, en étant bon et juste avec vous. Afin de calmer la peur de l'engagement, j'aime bien imaginer l'engagement comme une nouvelle route, avec des ronds-points, des stations-service dans lesquelles on peut se reposer et surtout la liberté de changer de direction si le besoin se fait sentir. L'engagement le plus puissant à respecter est celui envers soi-même et ses propres rêves.

Ce sont nos rêves qui nous choisissent.

La différence entre un rêve et un projet est simplement qu'un rêve devient un projet à partir du moment où on le rend tangible en l'écrivant sur du papier. Tous nos rêves naissent à l'intérieur de nous pour se manifester à l'extérieur de nous au moment où nous sommes prêts et parfaitement alignés pour les recevoir.

La vie nous donne les désirs que nous sommes capables d'accomplir. Leur matérialisation se fait quand le doute se dissipe entièrement et que notre désir est ardent.

Waw, merci, j'adore !

La Méthode Waw, merci, j'adore ! vous permettra de vous libérer de la carapace qui empêche les bienfaits d'entrer dans votre vie. Le jeu consistera à vous autoriser à accepter que c'est votre droit de naissance d'être heureux. Que c'est votre droit d'être humain, d'être dans la joie.

Notre cerveau a créé des mécanismes de protection, comme si nous avions des gardiens de sécurité internes. Il est possible de revisiter les modalités de leurs contrats, de mettre à jour les mots et images que nous avons donnés dans le passé en nous libérant des blessures qui ont fermé des portes.

J'avais une cliente qui avait vécu un divorce difficile, elle s'était promis de ne plus jamais revivre ça, elle a dit : « Je ne veux plus d'hommes dans ma vie. » Devinez ce que son cerveau a répondu : « OK, je suis ton humble serviteur, à chaque fois que tu rencontreras un homme qui veut s'engager avec toi, je t'en éloignerai. » Je lui ai dit qu'elle avait un sacré agent de sécurité à l'intérieur, du genre John Coffey dans *La ligne verte*, c'est un roman de Stephen King, et John est un grand black qui mesure deux mètres et pèse plus de 150 kg, super musclé, très gentil, mais tellement impressionnant.
On a beaucoup ri toutes les deux quand je lui ai dit qu'elle pouvait dire à son agent de sécurité que c'était OK maintenant, qu'elle se sentait en sécurité, il pouvait partir... Il s'est transformé en étoile qui veille sur elle. Elle a libéré la peur d'être abandonnée de nouveau, la blessure de rejet et a réussi à déclarer : « Waw, merci, j'adore vivre en couple. » Maintenant, ça fait plusieurs années qu'elle a rencontré son partenaire idéal avec qui elle va danser 3 fois par semaine.

Il est important de reconnaître l'intention positive de cette carapace et le fait que, pour bon nombre d'entre nous, son intention positive a été de nous protéger, pour nous empêcher de vivre ou revivre des expériences douloureuses.

Maintenant, avec la méthode Waw, merci, j'adore ! vous aurez la possibilité de contrôler votre réalité et de dépasser les limites que vous vous étiez inconsciemment fixées dans le passé.

Waw, merci, j'adore ! = ACTIONS pour le cerveau

Plus vous direz ça à votre cerveau, plus il libèrera de l'énergie et des ressources pour vous aider à réussir ce que vous désirez. Votre cerveau agit pour ce que vous aimez sans discerner si c'est bon ou pas pour lui ; ça, c'est le travail de la conscience.

Pensez à une tâche habituelle que vous détestez faire : pour moi, c'est plier le linge, par exemple, ou laver la vaisselle. À chaque fois que je devais le faire, je me disais : « Oh non, je n'ai pas envie. Ah non, il faut encore plier ça ou laver la cocotte. J'aime pas ça. » Mes jambes devenaient lourdes, mes bras aussi, je ressentais un poids et je pouvais y passer une heure tellement c'était pénible. Mon cerveau me disait : « Tu n'aimes pas faire ça, le fais pas, pourquoi tu te forces ? Arrête, tu n'aimes pas ça, Leïla, ARRÊTE. »
Alors que c'est important pour moi d'avoir une maison propre et du linge bien rangé.

J'ai fait des libérations et j'ai commencé à dire à mon cerveau : « Waw, merci, j'adore plier mon linge. Waw, merci, j'adore faire ma vaisselle. »

Bien sûr, j'ai eu des objections et ça fait partie du processus, j'ai entendu des phrases comme : « Mais non, ce n'est pas vrai, tu n'aimes pas ça, tu as toujours détesté ça, rappelle-toi toutes les fois où tu as laissé ton linge traîner, où tu as laissé les

Waw, merci, j'adore !

casseroles dans l'évier pendant trois jours en espérant que ton homme les lave. »

Oui, c'est vrai, et maintenant, je choisis d'adorer ça. Comme ça, je ne sentirai plus de résistance physique.
Alors oui, Waw, merci, j'adore plier mon linge et j'adore faire la vaisselle. Au fond, ce n'est pas vrai, mais quand je suis obligée de le faire, en me disant « je le fais quand même et j'adore que ce soit rangé », c'est plus facile de passer à l'action, et en dix minutes, c'est réglé. J'ai même pris l'habitude de chanter ou d'appeler une personne proche pour prendre des nouvelles en même temps.

N'ayez pas peur de MENTIR à votre CERVEAU. Ce n'est pas une personne, c'est un outil qui exécute seulement. C'est avec votre CŒUR qu'il faut toujours être dans la VÉRITÉ et l'INTÉGRITÉ.

Ce n'est pas pour rien que tous les grands maîtres nous disent de mettre de l'amour dans toutes nos actions, même les plus petites tâches.

Récompensez-vous pour vos actions, faites celles que vous n'aimez pas en premier et repoussez le plus possible le moment de la récompense.

Pour aider le cerveau à mobiliser nos ressources et à mettre le focus dans une direction, il est bon d'associer un système de récompense différé.

Le « test de guimauve » original a été mené par le professeur de psychologie de Stanford Walter Mischel, à la fin des années 1960 et au début des années 1970. Le test consistait à mesurer quels enfants pouvaient retarder la gratification face une guimauve.

Dans une pièce sans rien pour les distraire, ces enfants recevaient une guimauve dans une assiette. Ils pouvaient parfaitement choisir de la manger tout de suite. Mais l'instructeur précisa : « Si tu n'as pas mangé la guimauve quand je reviendrai dans 15 minutes, je t'en apporterai une deuxième. »

Sur 600 enfants ayant participé à l'expérimentation initiale, une majorité a mangé la guimauve tout de suite. Mais le tiers des enfants ont tenu pendant quinze minutes et obtenu une deuxième guimauve… qu'ils ont tout de suite dévorée !

Par la suite, ces études de suivi ont montré que les enfants qui pouvaient différer de manger une guimauve à l'âge de 4 ans dépassaient leurs pairs dans de nombreux domaines lorsqu'ils avaient 18 ans : ils avaient un QI supérieur à la moyenne et ils avaient une confiance, une concentration et une fiabilité plus élevées. Il s'agit ici de muscler sa maîtrise personnelle. Que vous gardiez le contrôle sur le cerveau en l'entraînant.

Par exemple, quand je veux finir d'écrire ou de créer un programme, je me dis : « OK, Leïla, dès que tu as fini, tu te prendras un bon bain, ou tu pourras lire ton livre du moment, ou appeler une amie, ou passer du bon temps avec ton chéri… » Ce sont des choses que je vais faire de toute façon, mais le fait de me les donner en récompense m'aide à rester concentrée, et surtout, je les savoure trois fois plus, avec un profond sentiment de l'avoir mérité et ça nourrit le sentiment d'accomplissement personnel.

Le cerveau adore les objectifs : c'est pourquoi il est indispensable de clarifier vos désirs et vos objectifs afin de

Waw, merci, j'adore !

concentrer votre attention, donc votre énergie dans cette direction.

Nous y reviendrons plus tard. Continuez de lire pour bien clarifier vos désirs et vos objectifs afin de concentrer votre attention dans cette direction.

Si je vous pose la question « qu'est-ce que vous voulez vraiment ? », vous avez peut-être une première idée qui vous vient à l'esprit. Et maintenant, imaginez que vous l'avez obtenu, qu'est-ce que vous voulez d'autre ? Qu'est-ce que ça vous apportera, qu'est-ce que ça vous permettra de sentir ou de ressentir que vous ne ressentez pas aujourd'hui ?
Dans 99 % des cas, nous réalisons que le **but, du but, du but, du but** est de **se sentir bien, ici et maintenant**. La plupart des gens recherchent cette sensation de satisfaction et d'appréciation simple et légère. Et une fois le but atteint, on aspire à se sentir encore mieux et à maintenir cet état de sérénité, de paix ou de joie.

Chaque être humain est en quête permanente de cette sensation avec laquelle on est arrivé sur Terre. Cette sensation de bien-être, cet état de joie, de félicité qui est une des composantes principales du succès spirituel et matériel.

J'adore la *félicité* : c'est l'état de joie sans raison, le bonheur suprême et durable. Je souhaite la Félicité à tous les êtres humains, c'est notre droit de naissance à tous.

Avez-vous remarqué que quand vous allez bien, tout va bien ? Avez-vous remarqué que les plus belles opportunités sont arrivées dans votre vie lorsque vous alliez bien ?

Mise en condition

Effectivement, notre pouvoir de création et de manifestation est plus puissant lorsque nous sommes dans la joie, l'enthousiasme, la maîtrise personnelle, l'amour, la passion, la confiance, l'appréciation, la connaissance, l'optimisme ou encore l'espoir. Toutes ces émotions positives sont des catalyseurs puissants dans la matérialisation de vos désirs. Grigori Grabovoi dit que l'amour est la fréquence qui permet de contrôler la réalité le plus rapidement possible.

Vous lisez ce paragraphe et j'aimerais que vous vous demandiez : « Qu'est-ce qui fait que je suis en train de lire ce livre ? » Prenez un temps pour écouter la réponse en vous.

Ce qui est sûr, c'est que si vous êtes train de lire ce livre, une partie de vous aspire à davantage de ce sentiment de félicité, de joie, d'amour et de sérénité dans votre vie. Peut-être que vous appelez cette sensation différemment, que c'est un autre mot qui vous vient à l'esprit, mais le plus important est de vous connecter à ce ressenti de bien-être ultime.

Nous sommes dans une société en pleine structuration de sa conscience, où règne encore beaucoup de culpabilité, liée à la frustration générée par les obligations et par les devoirs que la société impose de plus en plus. Mais beaucoup de ces devoirs et obligations ont perdu leur sens pour un grand nombre de personnes, qui ne savent plus pourquoi elles sont obligées de faire certaines choses.

La joie, cette émotion qui rend beau

Beaucoup de gens ont abandonné leur joie pour être conformes aux normes sociales. Pour être acceptés et aimés, certains ont décidé, consciemment ou inconsciemment, de camoufler et laisser de côté leur joie. Nous avons besoin d'être

Waw, merci, j'adore !

rééduqués à l'amour, il y a trop de confusion et d'amalgame entre le véritable amour et le besoin d'attention ou d'approbation.

Est-ce que vous aussi vous avez entendu ces grandes expressions qui bloquent la joie des enfants et des grands ?

Calme ta joie !
Rigolez pas comme ça !
Ça suffit de rires comme des abrutis !
C'est pas marrant !
On se calme, maintenant !
Moins fort !
Vous dérangez les autres avec vos rires !

Les enfants ne comprennent pas pourquoi ils se font fâcher ou priver de moments de joie pleins d'innocence.
Qu'est-ce qui dérange les adultes qui répriment la joie et les rires des autres ? Cela réactive leur joie et leurs rires réprimés dans l'enfance souvent suite à des blessures comme la trahison, le rejet, l'abandon, l'humiliation ou l'injustice. Interdire l'expression de ces émotions est la seule solution pour eux à ce moment-là. Pour avoir de nouveau accès à leur joie, ils doivent guérir leurs blessures, et comme ils n'ont pas la méthode WMJ, et que leur cerveau leur dit « non, tu vas souffrir, ne pense pas à ça », la plupart de gens restent dans le déni de cet enfant en eux qui veut exprimer sa joie.

Les rires peuvent être associés par l'inconscient de certaines personnes à la peur du ridicule, de la critique ou de la moquerie.

L'autre jour, mon fils de quatre ans et demi a frappé dans son ballon bleu, qui a ricoché sur le plafond pour lui tomber sur la tête. En regardant cette scène, j'ai éclaté de rire. Il s'est arrêté

Mise en condition

net en disant : « C'est pas gentil, tu te moques de moi ! » Je lui ai répondu : « Non, ce n'est pas de toi que je ris, mais de la situation. » Nous avons ensuite discuté de cette grande différence entre les faits et les êtres. Nous avons des comportements, nous ne sommes pas nos comportements. Nous réduire à nos comportements serait très limitant pour les êtres aux pouvoirs illimités que nous sommes.

Imaginez qu'un soir, vous ne soyez pas de bonne humeur, que vous soyez même assez contrarié par un évènement ou une situation que vous vivez et que vous vous rendiez à une soirée durant laquelle vous croisez plusieurs nouvelles personnes. Quelques jours plus tard, un ami vous rapporte que les gens vous ont trouvé froid et arrogant. C'était juste une version de vous à un instant T.

Ce serait très limitant d'associer votre comportement à ce que vous êtes. Ce n'est qu'une infime partie de vous. C'est comme quand un enfant vient de faire une bêtise (ou expérience) comme casser un verre et que le parent dit : « T'es vraiment idiot ! » Stop, ce n'est pas lui qui est idiot, mais ce qu'il a fait.

Quand nous prenons soin de distinguer les êtres et les faits, nous aidons l'autre à s'offrir plus de choix, à se sentir plus libre, ainsi nous sommes dans la posture de grâce qui consiste à permettre à l'autre d'être comme il le souhaite, en le laissant libre d'évoluer, d'expérimenter comme il l'entend, à son rythme.

Revenons à la joie, cette merveilleuse émotion qui rend beaux tous ceux qui la laissent circuler en eux. Cette sensation qui nous met dans des sensations du mode Waw, merci, j'adore !

Waw, merci, j'adore !

Certains de mes clients avaient même du mal à prononcer « Waw, merci, j'adore ! » tellement la joie avait été enfouie.

« Quelle est la dernière fois où vous avez ressenti cette sensation qui fait Waw, merci, j'adore ! à l'intérieur de vous ? »

__Rappelez-vous__ deux ou trois expériences merveilleuses, les plus beaux souvenirs de votre vie, revivez chacun d'eux, décrivez vos pensées et votre ressenti d'alors. Quelles émotions vous envahissaient et qu'est-ce que cela provoquait en vous ? Joie, paix, bonheur, confiance, sérénité, bien-être, rire, détente, espoir, etc. Observez les sensations dans votre corps.

On peut aussi ressentir des larmes de gratitude, c'est tellement profond comme sensation.

Avez-vous envie de ressentir plus de Waw, merci, j'adore dans votre vie ? Si la réponse est non, je vous invite à fermer ce livre et à revenir quand vous vous autoriserez à vivre plus de joie en étant authentique.

Vous ne savez pas ce que vous ne savez pas. Oui, il est possible de se sentir encore mieux, vous êtes fait pour être heureux, briller et prospérer pour le bien de tous.

Phase 3 : prise de décision

Un vieil adage dit qu'il est bien de donner du poisson aux gens, mais qu'il est encore mieux de leur apprendre à pêcher.

Ce manuel vous donne l'opportunité d'être pleinement autonome dans votre développement personnel. Je l'ai voulu simple et facile d'accès, car je travaille aujourd'hui avec la loi du

Mise en condition

moindre effort, qui est une loi universelle reliée au principe de l'accroissement qu'utilisent les plantes pour pousser. Avez-vous déjà vu une plante qui pousse ? Elle le fait dans la grâce et l'aisance, et c'est exactement ce que je veux pour vous. Ne nous prenons pas au sérieux. Soyons sincères pour vivre une vie sans limites. Oui, soyez sincères, c'est la clé pour sortir des entraves de la partie sérieuse qui crée de l'ennui et de la lourdeur.

Dans un **troisième temps**, nous passerons ensemble à l'action avec la méthode Waw, merci, j'adore ! Je vous ai préparé des séries de thèmes, de croyances qui vous aideront à identifier vous-même vos blocages et à les libérer.

— 4 —

Comment utiliser la Méthode Waw, merci, j'adore (WMJ)

L'échelle des émotions

Voici l'échelle des émotions pour vous apprendre à identifier où vous en êtes en ce moment.

Vous pourrez également retrouver la fiche sur Internet et l'imprimer comme outil à utiliser au quotidien.

http://leilab.fr/la-methode-Waw

Waw, merci, j'adore !

Étape 1 : État des lieux

Identifiez dans quel mode vous êtes :
En mode Waw ?
En Zombie 1 ?
En Zombie 2 ?
Ou en Zombie 3 ?
Identifiez l'émotion sans jugement avec acceptation et honnêteté.

Étape 2 : Libération

Inspirez par la bouche.
Bloquez la respiration (apnée longue).
Répétez intérieurement : "Je libère et je lâche les blocages émotionnels liés à…"
Soufflez.

Étape 3 : Affirmations avec Waw, merci, j'adore !

Inspirez par la bouche.
Bloquez la respiration.
Répétez intérieurement : "Waw, merci, j'adore, je me sens (mode Waw) confiant, enthousiaste, optimiste…"

Étape 4 : Identification des résistances

Si vous entendez des croyances ou pensées limitantes, notez-les et faites encore des libérations du mode Zombie avec le même processus.

Apprenez à faire le test kinesthésique en allant sur mon site : *http://leilab.fr/la-methode-Waw*

Mise en condition

QU'EST-CE QUE VOUS VOULEZ ?

Comme le disait Sénèque : "Il n'est pas de vent favorable à celui qui ne sait où il va."

Quand utiliser la Méthode Waw, merci, j'adore ?

Quand on a un objectif et qu'on n'arrive pas à l'atteindre. Avant de prendre la mer, c'est beaucoup plus sécurisant si on a défini une destination, ou au moins une direction à prendre afin d'atteindre le lieu. Tout comme l'archer ne peut viser une cible qu'il ne voit pas. Il est bon de l'imaginer et de donner une image à notre cerveau.
Plus nous aurons des images à fournir au cerveau, plus vite il pourra nous y conduire. Rappelez-vous, notre cerveau répond à deux choses : les mots et les images que nous utilisons.

Comme vous le savez, tous nos objectifs doivent être formulés de manière positive. Non pas car c'est la mode, mais simplement car notre cerveau reçoit l'information ainsi. Le cerveau de l'être humain ne connaît pas la négation. Il ne visualise que l'action suggérée par les images rattachées aux mots que nous employons.

Exemple : N'imaginez pas une voiture rouge, n'imaginez surtout pas une voiture rouge ! Trop tard, vous l'avez vue n'est-ce pas ? Lorsque vous dites à un enfant "ne crie pas, ne crie pas", eh bien, il continue à crier. Non pas car il souhaite vous embêter, mais simplement car **son cerveau ne connaît pas la négation.** Il voit l'action de crier. Parlez doucement, ou même chuchotez en le lui disant ; il aura le modèle et comprendra ainsi clairement ce qu'on attend de lui.

Waw, merci, j'adore !

Si vous vous dites "je ne veux pas être en retard, je ne veux surtout pas être en retard", vous envoyez l'information "retard" à votre cerveau, et vos milliards de neurones se mettent en action pour vous fournir ce que vous demandez : du retard.

Il est très important de formuler positivement nos objectifs. C'est une manière de communiquer avec notre inconscient, qui gère 98 % de nos comportements, nos croyances, nos fonctions vitales, en bref notre vie.

Votre inconscient, c'est vous, c'est votre allié, c'est la partie de vous qui va organiser et mobiliser toutes les ressources nécessaires pour vous donner ce que vous voulez, à condition que vous formuliez positivement et clairement les résultats que vous souhaitez obtenir. L'inconscient, c'est comme la terre de votre jardin : vous semez les graines et elle fait pousser. Si nous plantons des graines de carottes, nous aurons des carottes ; si nous semons des aubergines, nous n'aurons pas de poireaux. C'est la même chose pour nos pensées, sauf que l'image qui figure sur le paquet de graines, c'est nous qui devons la créer.

Je reviendrai plus tard sur la notion d'inconscient afin de partager avec vous des croyances aidantes qui optimiseront votre pouvoir créateur.

Alors, me direz-vous, ce n'est pas toujours facile de visualiser le résultat final quand on ne sait pas comment faire pour y arriver. Et c'est là que le Waw, merci, j'adore entre en jeu !

« Il faut toujours viser la Lune, car même en cas d'échec, vous atterrirez dans les étoiles. »

Oscar Wilde

Mise en condition

Pour quelles raisons ? Rappelez-vous, nous avons vu que le but du but du but du but est de se sentir bien, de ressentir ce bien-être en permanence.

Vous pourriez très bien donner comme instruction à votre cerveau : « Je veux me sentir bien ici et maintenant et continuer à me sentir mieux. » Cette directive est longue, conceptuelle et trop vague. Elle a tendance à vous faire partir dans le mental.

C'est pourquoi, à force de me poser la question « comment puis-je aider les gens à obtenir de meilleurs résultats dans leur vie », l'Univers m'a envoyé comme solution puissante : « Connectez-vous à votre Waw, merci, j'adore ! »

En fait, « Waw » signifie : **« je veux me sentir bien ici et maintenant et continuer à me sentir encore mieux. »** Vous trouverez une partie des émotions qui vous font vous sentir bien dans le mode Waw, cf. échelle des émotions.

Nous avons, pour la plupart d'entre nous, l'objectif de nous sentir bien, et plus nous nous sentons bien, plus nous sommes en mesure d'attirer davantage de choses, de circonstances qui nous font nous sentir encore mieux. Quand nous sommes en mode Waw, nous attirons ce que nous voulons.

L'univers qui nous entoure et nous englobe répond à chacune de nos vibrations, à chacune de nos pensées ; que nous soyons en mode Waw ou en mode Zombie, la nature de nos vibrations continue à créer dans notre futur des vibrations similaires à ce que nous émettons dans le présent.

Waw, merci, j'adore !

Notre cerveau reptilien

Notre cerveau est une machine à anticiper le futur, c'est une stratégie de survie inconsciente. Il opère cette action soit avec nous – en conscience, de manière délibérée, c'est-à-dire que nous prenons le temps d'écrire ou de dire l'histoire que nous voulons vivre – soit le cerveau va créer un futur par défaut en se référant aux données du passé.

Cela signifie que, n'ayant pas reçu d'indications de notre part, inconsciemment, le cerveau humain va chercher tous les éléments du passé se rapprochant de la situation que nous nous apprêtons à vivre et reproduire les mêmes schémas. Il n'a pas pour fonction de vérifier si c'est bon ou mauvais, ses principaux critères de choix sont :

1 – Éviter la souffrance
2 – Économiser de l'énergie
3 – Rester dans ce qu'il connaît, sa zone de confort, même si c'est nocif

Comprenez bien ce mécanisme, notre cerveau reptilien peut être très fainéant, il va toujours au plus rapide et à la recherche du plaisir immédiat, en prenant et évaluant le chemin qui va lui demander le moins d'efforts afin de préserver notre énergie. Il ne mesure pas les conséquences à long terme, si c'est bon ou mauvais pour nous.

C'est notre conscience qui doit le guider et lui donner les bonnes instructions au-delà de la réalité.

Donc, si nous souhaitons nous sentir en mode Waw en atteignant nos objectifs, nous devons commencer à ressentir cette sensation dans le présent, ainsi nous envoyons le signal sur le chemin, et notre cerveau, tel un GPS, enregistre la bonne adresse avec la bonne fréquence.

Pour moi, la joie est le chemin, pas la destination. À trop penser à la destination, on peut passer à côté du sens du voyage. Tous ceux qui réussissent dans l'harmonie le confirment : c'est le processus, le chemin, les apprentissages, les souvenirs créés sur le chemin qui nourrissent leur cœur et laissent des traces de bonheur indélébiles.

Il en est de même pour la richesse. Pour être riche, de santé, d'amour, d'argent... l'homme doit d'abord se sentir riche maintenant et entretenir des pensées d'homme riche là où il se trouve, cela structure la conscience afin d'envoyer des mots et des images au cerveau claires et précises.

Il en va de même pour tous nos objectifs, quel que soit le domaine de vie. On le voit beaucoup dans le domaine de l'argent. La plupart des personnes sont dans l'illusion qu'elles seront plus heureuses, plus généreuses, plus disponibles, plus aimables, plus en forme, mais l'argent n'est qu'un amplificateur de ce que nous sommes déjà.

Quelqu'un qui a un comportement avare, sans trop d'argent, agira aussi comme un avare avec beaucoup d'argent. En revanche, si une personne est très généreuse avec un petit revenu, elle le sera encore plus avec plus d'argent. Nous reviendrons sur ce sujet passionnant lorsque nous travaillerons sur le domaine de vie de l'argent dans les 7 semaines d'exercices pratiques.

— 5 —

Quels sont les différents domaines de vie ?

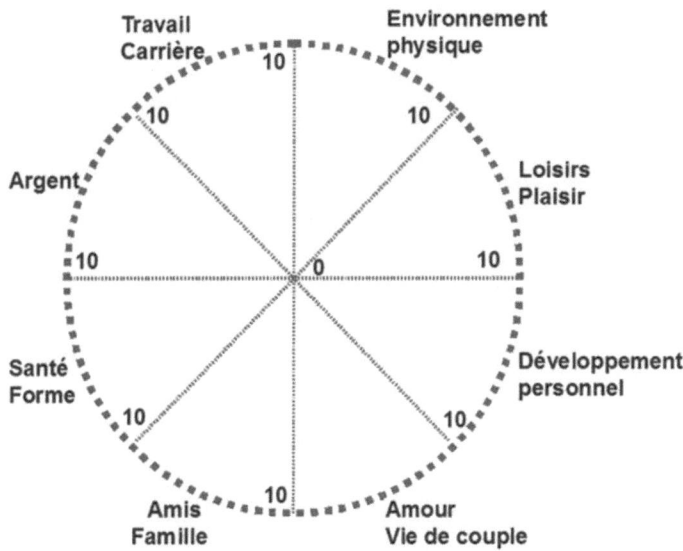

En coaching, nous parlons souvent de huit principaux domaines :

- Relations : amis/famille
- Professionnel : travail/carrière
- Romance : amour/vie de couple
- Environnement physique/matériel
- Santé/forme
- Finances/argent
- Loisirs/plaisirs
- Développement personnel

La première étape

La première étape consiste à **identifier l'état actuel** dans lequel vous vous trouvez dans ces différents domaines. Je vous invite à évaluer sur une échelle de 1 à 10 où vous en êtes en termes de satisfaction dans ces différents domaines. Ainsi, pour définir vos objectifs, vous pouvez vous baser sur votre état actuel pour formuler l'état désiré.

Ce que vous ne voulez plus

Dans un deuxième temps, vous prenez conscience de **ce que vous ne voulez plus,** les choses ou situations dont vous en avez marre et que vous ne désirez plus vivre.

Imaginons que dans le domaine de vos relations, sur une échelle de 1 à 10, vous soyez à 6 en termes de satisfaction. Ce que vous ne voulez plus pourrait être : « Je ne veux plus culpabiliser ou stresser à cause de gens. »

Affirmer ce que vous voulez

L'étape suivante va consister **affirmer ce que vous voulez,** comme par exemple : « Je veux des relations harmonieuses et me sentir en mode Waw, merci, j'adore ! avec les personnes que je côtoie. »

Ressentir des objections

Vous ressentirez un peu de gêne, c'est l'effet des objections en vous, les parties de vous qui disent : « Non, ce n'est pas possible. » L'idée est de commencer à les identifier pour vous libérer de leurs blocages.

Mise en condition

Voici quelques questions qui vous aideront à en prendre conscience : qu'est-ce qui vous empêche de vous sentir à l'aise ? Quelles sont vos croyances limitantes, négatives au sujet des autres ? Qu'est-ce qui vous empêche de vivre une relation harmonieuse ? Quels sont les habitudes ou comportements limitants qui vous bloquent ? Quelle est l'émotion gênante ?

Chaque question trouve sa réponse ; soyez patient, vous la recevrez. Votre inconscient vous donnera les informations dont vous avez besoin pour vous libérer au moment parfait pour vous. Vous identifierez ces blocages qui vous empêchent d'être en bonne santé, en confiance en compagnie des autres, ou ces parties ou croyances limitantes qui vous empêchent d'avoir plus de loisirs, ou encore ces émotions limitantes (comme la culpabilité) qui vous bloquent lorsque vous avez envie de prendre plus de temps pour vous.

Vous pouvez parfois ressentir des blocages comme des sensations d'enlisement, comme si vous étiez tombé dans des sables mouvants, une lourdeur dans tout le corps qui rend la tâche encore plus pénible. J'avais des clients qui rêvaient de pouvoir dire à leur partenaire « je t'aime », mais cela ne sortait pas de leur bouche.

Certaines personnes ont des résistances à recevoir ce qu'ils demandent. Je parle de résistances, comme le disent Deepak Chopra, Esther et Jerry Hicks et bien d'autres grands auteurs dans le monde du développement personnel. On parle souvent de blocages, mais le terme « résistances » est plus pertinent, car tout est là, à notre disposition, et la seule personne qui empêche les choses de se manifester, c'est nous-mêmes.

— 6 —

Et si on parlait des émotions ?

Résister à nos émotions, c'est souffrir

Ce n'est pas la tristesse qui nous fait souffrir, mais la résistance à ressentir la tristesse qui fait mal.

Ce n'est pas la colère qui fait mal, mais le déni de celle-ci et le refus de la ressentir. La résistance à ce feu intérieur qui monte et qui crie : « Non ! » « Stop ! » La colère vient souvent pour dire qu'une partie de nous est blessée. La colère veut la justice et réclame une reconnaissance du tort qui est causé pour évoluer.

Le mot *émotion* signifie étymologiquement *mouvement*. En fait, il s'agit d'une vague d'énergie en mouvement. Nous pourrions dire que nos émotions vibrent dans nos corps à une certaine fréquence, correspondant aux différents modes, Waw ou en Zombie.

Si vous acceptez que lorsque vous vous sentez en mode Waw, c'est que vous êtes aligné avec ce que vous vivez, il vous sera plus facile de comprendre comment réagir à vos émotions.

Quand on est en mode Waw, c'est un peu comme quand la jauge du réservoir d'essence est pleine. On se sent rempli, prêt à prendre la route avec confiance.

Waw, merci, j'adore !

Imaginez une échelle graduée vous montrant votre degré d'alignement avec votre énergie. Cette échelle des émotions contient des termes qui ne s'appliquent pas à tous les individus, le but étant de créer un repère. Le plus important est toujours que vous vous sentiez encore mieux, le terme utilisé pour décrire l'émotion peut varier, mais cette échelle est un excellent outil pour développer la conscience de ses émotions.

Échelle des émotions

Imaginez l'échelle des émotions comme une cascade d'eau qui coule en vous. Ce qui fait souffrir, c'est quand vous bloquez l'écoulement. C'est comme un gros tronc d'arbre qui tombe dans une rivière, créant un barrage. Les résistances, ce sont tous les troncs d'arbres accumulés, qui empêchent l'eau de circuler de manière fluide, comme l'énergie en nous. Ces troncs d'arbres, ce sont nos pensées négatives, souvent créées en fonction de ce que nous observons.

Mise en condition

Imaginez que vous soyez un producteur de cinéma. Si vous orientez l'objectif de la caméra vers des scènes de souffrance, vous ressentirez de la souffrance. Si vous décidez de filmer des scènes de complicité, de joie et de fête, très vite, vous ressentirez la joie s'installer en vous.

Parfois, après avoir ressenti une grande tristesse, la colère nous apparaît comme un soulagement, on se sent un peu plus vivant. Cependant, les gens ont tendance à nous faire croire que la colère est inappropriée, poussant ainsi la personne à redescendre au mode Zombie 3, dans le sentiment d'impuissance ou de dépression. Quand l'un de mes clients est triste ou qu'il se sent impuissant, la première étape consiste à le faire remonter en vibrations vers le mode Waw. À chaque barreau de l'échelle qu'il remonte en faisant des libérations, il reprend les commandes de sa vie et du pouvoir sur ses pensées.

La moindre amélioration dans l'échelle des émotions est d'une grande importance.

Quand nous avons la sensation de manquer de contrôle sur notre vie, c'est en partie à cause du fait que nous nous sommes éloignés de la direction qui nous apporte le plus de satisfaction. Au lieu de prendre conscience de nos émotions et de ce qu'elles signifient, notre vie part dans un sens opposé à ce que nous voulons vraiment.

Nos émotions sont notre guide interne

En réalité, il existe principalement deux types d'émotions : celles qui nous font nous sentir bien et celles qui nous font nous sentir mal (ici, soit mode Waw, soit mode Zombie).

Waw, merci, j'adore !

Plus vous êtes en mode Waw, merci, j'adore, plus vous êtes dans votre pouvoir personnel, aligné avec le meilleur en vous et le meilleur pour vous.

Quand vous êtes en mode Zombie, la clé est d'appliquer la Méthode WMJ, avec pour intention de retrouver votre meilleur ressenti et de vous sentir un peu mieux. Comment ? En le décidant dès à présent, peu importe comment vous vous sentez en cet instant. Décider de vous sentir mieux vous orientera toujours vers ce qui est bon pour vous à travers chaque expérience vécue.

Une astuce pour rester dans cette dynamique est de me dire que, quoi qu'il arrive, tout tourne toujours en ma faveur, même si je ne sais pas quand ni comment.

Le mode Zombie est un état de résistance, mais aussi et surtout une sorte de boussole intérieure nous indiquant que nous faisons fausse route, que notre véhicule a besoin d'entretien, que les raisons pour lesquelles nous avons emprunté cette route ne sont pas si excitantes ou bien d'autres raisons. J'aime à penser qu'il y a autant de raisons que d'êtres humains, à savoir plus de sept milliards.

Exemple de résistance au quotidien

La résistance est également liée au fait de *ne pas permettre* aux choses que vous avez demandées à vraiment entrer dans votre vie. J'ai des clientes qui disent qu'elles veulent un homme dans leur vie, et dès qu'il y en a un qui pourrait leur correspondre, elles déclarent : « Ah oui, mais là, ce n'est pas le bon moment. »

Mise en condition

Les peurs

Les peurs bloquent la porte d'entrée. Comme la peur de renoncer à quelque chose pour avoir autre chose, la peur du changement, de l'inconnu, la peur de souffrir, de revivre encore des blessures…
La croyance qu'on doit sacrifier quelque chose pour avoir autre chose crée beaucoup de résistances.

C'est possible de tout avoir en même temps

Décider, comme beaucoup d'autres l'ont déjà fait, que c'est possible de tout avoir en même temps. Encore trop de gens maintiennent la croyance qu'on ne peut pas tout avoir en même temps.
Est-ce aidant ou limitant ? En tous les cas, il existe beaucoup de personnes, dont je fais partie, qui sont la preuve que l'on peut tout avoir en même temps : l'amour, la santé, l'argent, la passion et la joie. Et ce n'est pas de la chance, c'est la mise en pratique des principes que vous découvrez ici.
Aujourd'hui, beaucoup d'entre nous demandent le bonheur, de meilleures conditions de travail, plus de joie, de bonne santé, et lorsque cela leur est rendu possible, inconsciemment, ils sabotent ces opportunités, ces bienfaits qui cherchent à pénétrer dans leur vie, parce qu'ils n'ont pas pris le temps de créer de la place.

Créer de la place en structurant la conscience avec la bonne connaissance et les bonnes pratiques. Il s'agit de préparer le cerveau à cette nouveauté en créant de nouvelles connexions neuronales.

Waw, merci, j'adore !

Qu'est-ce qui crée de la résistance ?

Ce sont principalement les peurs, les blessures et les conflits de valeur, les croyances et perceptions limitantes.
 En voici quelques-unes : la peur du changement, la peur de vivre, la déception, la peur de l'échec, la peur de perdre l'amour de l'autre, la peur de la critique, la peur de la pauvreté et surtout la peur de la mort.

Et voici les cinq plus grandes blessures, sachant que chacun en a au moins une à guérir.
- La blessure de trahison
- La blessure de rejet
- La blessure d'abandon
- La blessure d'humiliation
- La blessure d'injustice

Beaucoup me disent : « Bien sûr que si, je veux plus d'argent, je veux plus de bien-être, je suis d'accord pour être aimé. » Mais lorsque la solution arrive à eux, ils sont tellement concentrés sur ce qui ne va pas, l'objectif de leur caméra (leurs yeux) est tourné vers le constat de l'absence, qu'ils déclarent : « Je ne l'ai pas… Je ne le vois pas. »
Et donc, il continue à en être ainsi, car le cerveau obéit, tout simplement.
Comprenez bien que notre cerveau est très obéissant et docile ; si on lui dit que c'est possible, il s'active ; si on lui dit que ce n'est pas possible, il dit OK et ferme les dossiers ressources.

Certains s'imaginent ne pas le mériter, ne pas en être dignes ou préfèrent ne pas prendre le risque de ressentir l'amour par peur de le perdre à nouveau. Le cerveau dit OK.

Mise en condition

En parlant d'absence, il est important de rappeler que l'une des raisons principales d'échec est liée à ces pensées et ces images qui montrent l'absence et non la présence du succès au cerveau. Le fait de penser au fait que ce n'est pas encore là, c'est ce qui crée la sensation de manque et de frustration.

Exemple : Vous voulez une femme de ménage, et quand vous y pensez, vous êtes frustré qu'elle ne soit pas là. Donc la femme de ménage continue de ne pas être là.

La solution est d'imaginer comment vous vous sentirez quand elle sera là. D'imaginer une personne venir chez vous, tout nettoyer, vous imaginer en train de la payer avec un grand sourire et une profonde gratitude.
En vous alignant avec l'état désiré, vous créez des opportunités dans votre réalité. Ne serait-il pas merveilleux de rentrer chez vous et de voir que tout est parfaitement rangé et propre ? Comment vous sentiriez vous ? En mode Waw, merci, j'adore quand ma maison sent bon et que tout est propre et rangé !

Nourrir cette sensation vous donnera des idées et les solutions apparaîtront au fur et à mesure, restez confiant et nourrissez vos désirs en imaginant régulièrement vos désirs réalisés. Reprenons l'exemple de la femme de ménage.

Imaginez-vous ouvrir la porte de chez vous, vous faites un pas à l'intérieur et vous pouvez sentir cette bonne odeur de propre, découvrir votre intérieur beau, rangé et harmonieux. Vous souriez peut-être. Eh bien, c'est cette sensation que vous devez émettre en pensant à votre souhait d'avoir une aide-ménagère. Vous devez déjà visualiser le résultat final en y associant dans le présent l'état du mode Waw, merci, j'adore !

Je reviendrai tout à l'heure sur l'art de permettre et l'attitude à adopter pour être en mesure de recevoir pleinement ce que l'on a demandé.

COMMENT NOS ÉMOTIONS SONT LIÉES À NOS PENSÉES ?

Le mot *émotion* vient du latin *motio* = mouvement. Une émotion, c'est aussi une sensation physique, un sentiment kinesthésique que l'on peut ressentir partout dans notre corps.

Vous l'avez bien compris maintenant, nos réactions émotives nous indiquent si nos besoins sont satisfaits ou insatisfaits. Elles nous permettent d'évaluer si l'environnement ou les circonstances nous conviennent ou pas et surtout de constater **si nos pensées nous orientent vers le mode Waw! ou le mode Zombie.**

Nous allons voir, comme l'expliquent très bien la PNL (Programmation Neuro-Linguistique) et la neuroscience, que ce mouvement interne est un effet résultant d'un processus interne. C'est ce qu'on appelle l'index de conscience.

Mise en condition

L'index de conscience

L'index de conscience est un modèle qui nous permet de comprendre le fonctionnement de notre cerveau. Cela explique la corrélation entre notre intérieur et notre extérieur.

Voici comment notre conscience perçoit le monde extérieur, à partir de 3 phases. La première est reliée à nos 5 sens, la deuxième au processus interne et la troisième à notre état interne.

Phase 1 : les 5 sens

- L'ouïe
- La vue
- L'odorat
- Le kinesthésique
- Le gustatif

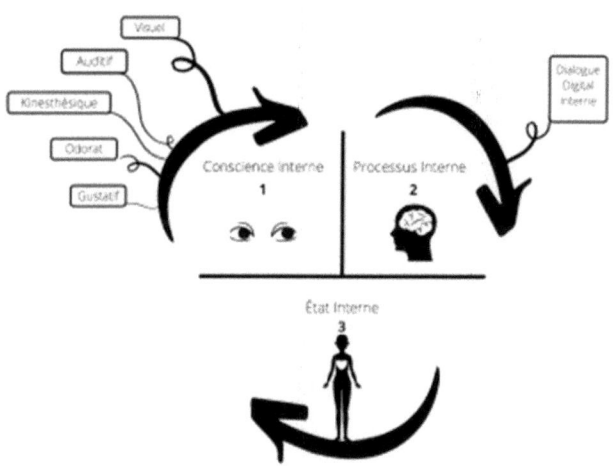

Phase 2 : Le dialogue interne, les pensées
Phase 3 : L'état interne, les émotions (voir l'échelle)

Waw, merci, j'adore !

Les 3 phases sont reliées les unes aux autres.

Exemple concret : Imaginez-vous en train de vous réveiller de bon matin et que vous sentez la chaleur d'un rayon de soleil sur votre corps, vous ouvrez les yeux et la pièce est baignée de la lumière du soleil **(phase 1)**. Vos pensées pourraient ressembler à « Waw, merci, j'adore, encore une belle journée » **(phase 2)** et ces pensées vous procurent un sentiment de joie, de bien-être, d'enthousiasme **(phase 3)**, tout pour réussir votre journée.

Ainsi vous continuez à regarder, entendre et percevoir le monde à travers vos sens, qui continuent à influencer vos pensées, qui elles-mêmes influencent vos émotions et ainsi de suite. À la fin de la journée, vous êtes satisfait, avec le sentiment agréable d'avoir passé une bonne journée.

Et maintenant, imaginons un scénario différent : vous vous réveillez et vos yeux voient qu'il pleut. Vous sentez la pluie sur votre tête en sortant, vos pieds sont humides **(phase 1)** et vos pensées pourraient ressembler à « flûte, encore une journée grisonnante, la circulation va encore être difficile ce matin » **(phase 2)**.Ces pensées donnent place à ce mouvement interne qui crée en vous un sentiment d'irritation, de frustration ou même de colère **(phase 3)**. Vous voilà en mode Zombie.

Ces exemples ont simplement pour but d'illustrer le processus et de vous montrer que **vos émotions sont le résultat de vos pensées**. Elles sont un indicateur vous permettant de savoir si vous êtes en train de penser à ce que vous voulez ou à ce que vous ne voulez pas.

Mise en condition

C'est aussi simple que cela. À chaque fois que vous ne vous sentez pas bien, c'est que vous êtes en train de penser à ce que vous ne voulez pas qu'il arrive.

À chaque fois que vous êtes inquiet, c'est que vous imaginez le scénario catastrophe. À chaque fois que vous êtes dans la joie, vous êtes en train de visualiser et de créer consciemment ou inconsciemment ce que vous voulez.

Arrêtez-vous un instant et vérifiez avec vos propres expériences passées la teneur de ce principe, dérangeant pour l'égo, par sa simplicité et sa véracité.

Arrêtez-vous et relisez les trois derniers paragraphes, s'il vous plaît ; ils sont le résumé de centaines d'ouvrages que j'ai condensés rien que pour vous.

Autorisez-vous à en saisir toute la puissance, toute votre puissance, c'est de votre pouvoir dont il s'agit. Prendre conscience qu'en modifiant les mots et les images que vous envoyez à votre cerveau, vous percevrez et créerez une réalité différente.

Nous sommes les leaders, les inventeurs, les professeurs et les utilisateurs de nos cerveaux, en tant qu'êtres de conscience, nous avons tous le pouvoir de donner les bons ordres, les bonnes idées, les bonnes connaissances à notre cerveau pour qu'il soit au service d'une vie épanouie et sans limites.

Comme vous l'avez bien compris, nos pensées créent nos états internes et nos états internes influencent notre perception du monde, et ces perceptions vont à leur tour influencer nos pensées. C'est une boucle où chaque élément agit l'un sur l'autre.

Waw, merci, j'adore !

Maîtriser ses pensées avec la Méthode Waw merci, j'adore

L'idée de maîtriser ses pensées semble faramineuse quand on considère que nous en avons 60 000 par jour. La bonne nouvelle est que nous pouvons nous appuyer sur nos émotions pour redresser la barre de notre navire et garder le cap vers la positivité, en identifiant nos émotions grâce à cet outil merveilleux que j'ai intégré à La Méthode Waw, merci, j'adore ! avec quatre modes (mode Waw, merci, j'adore !, mode Zombie 1, mode Zombie 2 et mode Zombie 3, en référence à l'échelle des émotions inspirée d'Abraham).

La neuroscience cognitive des émotions nous démontre aujourd'hui que nous pouvons ressentir plus de 400 émotions différentes. Esther et Jerry Hicks, auteurs de *Demandez et vous recevrez*, ont ingénieusement élaboré cette échelle des émotions que vous avez découverte juste avant. Cette échelle permet de créer une hiérarchie des émotions des plus positives aux plus négatives que les êtres humains puissent expérimenter.

Nous avons tous à l'intérieur de nous cette échelle des émotions, sur laquelle nous pouvons naviguer selon les pensées et expériences uniques et spécifiques à chaque être humain. Nous pouvons nous trouver en haut, en bas ou au milieu de l'échelle à n'importe quel moment de la journée, car nous sommes, je vous le rappelle, des êtres émotionnels. C'est ce qui nous distingue des machines. **Cependant, nous ne sommes pas nos émotions, nous avons des émotions.**

Quant aux grands maîtres et sages, on peut dire qu'ils sont toujours en mode Waw, merci, j'adore ; ils ont atteint l'état de félicité.

Mise en condition

Vous avez pu constater que cette échelle des émotions de la Méthode WMJ est repartie en quatre modes avec quatre icônes Standard d'émoticônes. :

- Le mode Waw, merci, j'adore !

- Le mode Zombie 1

- Le mode Zombie 2

- Le mode Zombie 3

— 7 —

Le mode zombie

Qu'est-ce que c'est que le mode Zombie ? Voici la définition qu'on retrouve couramment dans le dictionnaire : « Personne qui a un air absent, qui est dépourvue de toute volonté. »

Pour quelles raisons les gens aiment les films d'horreur ?

Je me suis toujours demandé pourquoi le phénomène des zombies avait autant de succès de nos jours. Qu'est-ce qui fait qu'autant de gens vont voir ces films et ces séries ?
La réponse m'est venue: c'est tout simplement lié au fait que ces films et ces séries leur parlent d'eux-mêmes. Et moi, connaissant bien mes vieilles parties zombies, je ne peux que les comprendre.

Je tiens à préciser que ce n'est pas bon de nourrir notre cerveau et par conséquent toutes les cellules de notre corps avec des images d'horreur et des mots négatifs. Cela alimente une banque de données, qui conduit beaucoup de personnes à s'imaginer des scénarios catastrophes. Surtout chez les enfants ; face à eux-mêmes dans le noir, la moindre peur ou inquiétude activera les images de ces films. Évitez ce genre de films ; à long terme, ils ont un effet néfaste sur votre système.

Vous l'avez compris, nous passons en mode Zombie dès que nos pensées deviennent limitantes, les images envoyées au cerveau créent dans notre système de guidance émotionnelle une réaction chimique qui crée par exemple une sensation d'ennui, de frustration, de stress, de peur, de dépression ou de colère. Je rappelle qu'il n'y a rien de mal à être en mode Zombie. Au contraire, ce mode-là est un indicateur indispensable pour savoir où nous en sommes par rapport à nos désirs et notre quête de satisfaction. Notre travail, c'est d'en avoir conscience et de saisir le message.

Le mode Zombie, c'est comme la voix du GPS qui vous indique que vous faites fausse route, et plus vous vous éloignerez de votre destination de bien-être, plus elle va s'exprimer intensément. Certaines personnes ont tellement ignoré la voix du guidage en coupant le son du GPS qu'elles se sont déconnectées de leurs émotions, pouvant ainsi créer des états gênants de dépression, de colère, de morosité, et prendre des décisions pas toujours très bonnes pour elles-mêmes.

Nos émotions sont notre GPS intérieur ou notre boussole. Plus nous l'utilisons, mieux nous pouvons ajuster notre contrôle sur la réalité.

Le « train-train quotidien »

Certaines personnes se lèvent tous les matins sans se poser de questions. Elles sont dans une routine inconsciente qui fait que les habitudes qui avaient pour but de leur simplifier la vie deviennent leur plus grande prison.

Un jour, au supermarché, en attendant mon tour à la caisse, j'entendais deux femmes qui se disaient : « Alors, comment tu vas ? » L'une avait répondu : « Le train-train habituel, et toi ? » L'autre dame avait dit : « Oh oui, pareil, le train-train aussi. » Je me suis demandé un instant si elles travaillaient toutes les deux à la SNCF (compagnie de train). Elles disaient en gros que leur vie était monotone, toujours pareille, et semblaient s'en satisfaire.

Mise en condition

Une personne peut parfois se trouver en mode Zombie lorsqu'elle est complètement déconnectée d'elle-même, qu'elle fait les choses seulement parce qu'elle se sent obligée de les faire, en ayant perdu le sens, les raisons profondes qui la font aller dans cette direction. Une des plus grandes blessures qui empêchent les gens d'écouter leur véritable désir, c'est la blessure de rejet. Tout petit, notre cerveau nous programme à rester en sécurité dans notre « tribu » pour ne pas prendre le risque de mourir, et si l'on n'éduque pas le cerveau à l'évolution, la curiosité, la créativité et la contribution au monde, on peut vite rester dans ce schéma inconsciemment, qui consiste à faire plaisir aux autres pour qu'ils continuent à nous aimer. Le besoin d'approbation des autres devient un handicap qui crée la dépendance affective.

Le plus beau cadeau que nous puissions faire à nos enfants, c'est de les aimer, mais cela ne suffit pas. Il faut leur apprendre à s'aimer, sinon ils risquent d'être la proie de personnes mal intentionnées, leur manque d'estime pour eux-mêmes pourrait être un danger.

J'ai accompagné beaucoup de femmes ayant des partenaires qualifiés de « pervers narcissique » ; eh bien, je leur ai tout simplement expliqué que le meilleur remède, c'était l'amour et la confiance en soi.
Il n'y a pas de pervers narcissique s'il n'y a pas de victime ; en nourrissant l'amour d'elles-mêmes, elles les font fuir ou changer. Dans tous les cas, l'histoire change positivement pour elles.

Quand on s'aime, c'est-à-dire que l'on nourrit des images positives à son sujet, on sait poser des limites et s'affirmer avec bienveillance.

Waw, merci, j'adore !

Quelques questions à se poser pour reprendre votre responsabilité, votre pouvoir

C'est pourquoi il est important de se poser des questions ouvertes qui ouvrent l'horizon, nous rappellent que nous sommes en sécurité et responsable de notre propre bonheur. Donner du sens à nos actions nous permet de nous affranchir de la peur du rejet, de nous connecter avec nos valeurs profondes.

« Nous sommes le résultat de nos habitudes. »
Earl Nightingale

Voici le type de questions que j'adore poser pour aider à la prise de conscience :
- Quelles sont les raisons pour lesquelles vous travaillez là où vous travaillez ? En quoi c'est important pour vous ? Qu'est-ce que cela vous apporte ? Est-ce que cela vous rapproche ou vous éloigne de votre mode Waw ?
- Quelles sont vos plus grandes satisfactions ? Si vous étiez sur votre lit de mort et que vous deviez donner un conseil à un enfant qui vous est cher, que lui diriez-vous ? Qu'est-ce que vous ne voudriez surtout pas regretter ?

Les réponses ne viennent peut-être pas tout de suite, mais cela ouvre un nouveau champ de conscience pour élargir le champ des possibles encore plus. Plus nous avons conscience des choses et plus nous pouvons utiliser notre libre arbitre pour agir sur la réalité.

Généralement, lorsque nous passons en mode Zombie, c'est que nous pensons à ce que nous ne voulons pas, que les

Mise en condition

pensées que nous entretenons à ce moment-là nous font nous sentir mal et ne sont pas en harmonie avec l'énergie d'amour.

Notre attention s'oriente à cet instant vers ce que nous ne voulons pas ou vers l'absence de ce que l'on veut. Rappelez-vous que nos pensées sont influencées par ce à quoi nous portons attention. Le cerveau a besoin de commandes précises, c'est un peu comme un missile, il a une tête chercheuse, il aime les objectifs clairs.

Certaines personnes nourrissent tellement leur cerveau de pensées et croyances négatives que cela active les émotions du mode Zombie. La peur, la colère et la dépression peuvent créer une sorte de carapace, qui a pour le cerveau reptilien une fonction de protection face aux incompréhensions du monde extérieur ; cette carapace devient tellement grosse et épaisse qu'elle finit par les couper d'eux-mêmes. Elle devient comme une armure lourde qui empêche l'expression de la joie lumineuse voulant sortir, briller, danser et célébrer la vie en laissant davantage de place aux ressources du mode Waw.

Au fond, nous désirons tous que cette lumière de joie, de liberté, cette lumière d'enthousiasme, cette lumière de confiance, d'espoir, puisse s'exprimer en toute-puissance et sécurité. La surprotection devient comme une épaisse armure emprisonnante, c'est la peur qui est derrière ce mécanisme. C'est comme si vous bâtissiez un mur autour de votre royaume pour vous protéger d'ennemis imaginaires et décidiez de ne plus jamais en sortir.
La peur est une énergie paralysante et crée de grands blocages à la réalisation si on ne la dépasse pas.

Waw, merci, j'adore !

Qu'est-ce qui favorise le « mode Zombie » ?

Les émotions lourdes du mode Zombie sont activées via des habitudes et des comportements limitants, comme ceux de rejeter le monde extérieur que la personne croit subir, c'est un manque de connaissance d'elle-même et de son pouvoir qui génère cette impuissance.

Les plus grands pièges et dangers pour soi-même sont d'abandonner l'idée d'être responsable de sa vie et alimenter le mysticisme. Le mysticisme, cette maladie de plus en plus répandue qui consiste à rendre l'extérieur responsable de tout ce qui nous arrive et à cultiver le « c'est pas de ma faute », à donner son pouvoir de création aux autres, à l'État, aux gouvernements. On rend les autres responsables de son malheur, comme si l'on donnait sa baguette magique à quelqu'un d'autre.

Alors que la solution est de renforcer notre pouvoir sur la matière en donnant les bonnes instructions à notre cerveau avec la psychologie positive avec de bons outils de structuration de notre conscience.

Pouvoir décider, c'est pouvoir changer

Cela implique une envie de s'engager avec foi et détermination, même si on ne sait pas comment, c'est entrevoir des réussites, c'est prendre un chemin avec la confiance que nous pouvons le faire, peu importe quand et comment, en considérant que chaque expérience nous fait grandir. Avoir un super mental de gagnant, ça s'apprend.

Comme le disait Nelson Mandela : « Je ne perds jamais. Soit je gagne, soit j'apprends. » Notre vie est une succession de

Mise en condition

décisions. Vous êtes là où vous êtes suite à toutes les décisions que vous avez prises, et ne pas décider est aussi une décision. Le non-choix est un choix.
Prenez des décisions. La Méthode Waw, merci, j'adore ! vous aidera à vous libérer de vos peurs pour respecter et honorer vos décisions.

Maintenant, prenez une décision

Une résolution qui vous inspire réellement, quelque chose que vous souhaiteriez vraiment, vraiment, vraiment voir changer dans votre vie en vous libérant du « comment », n'attendez pas de savoir comment pour prendre des décisions.

Notez vos décisions ici et informez-en les personnes qui comptent pour vous si cela vous semble aidant.

Deux décisions importantes que je décide de prendre et que je m'engage à respecter :
Ex. : Même si je ne sais pas comment, je décide de libérer ma créativité pour augmenter ma productivité.

_____
_____
_____
_____
_____
_____
_____

Dans le mode Zombie, il y a plusieurs niveaux.

Mode Zombie 1

On y tombe très rapidement lorsque des situations, personnes ou informations ne correspondent pas à ce que nous attendions. Cela peut donner lieu au pessimisme, à la frustration, l'impatience, la déception.

Exemple : Marine a très envie d'aller à la mer… mais finalement…

Imaginons : Marine, jeune cadre dynamique qui attendait son week-end avec joie, se réveille le matin, prête à aller à la mer, et son ami l'appelle pour lui dire que finalement, il ne pourra pas venir et l'emmener, car il ne se sent pas en forme. Elle ressent de la déception, elle n'aime pas les imprévus et qu'on la prévienne à la dernière minute. Elle rumine des pensées négatives comme : « C'est toujours pareil, j'aurais dû faire autrement, j'ai même plus envie de lui parler, pourquoi il me fait ça, à cause de lui, je ne vais pas aller au bord de la mer… » Dans le cas de Marine, on voit tout de suite comment la non-acceptation de la situation génère en elle des frustrations. Elle avait beaucoup d'attentes, et en accusant l'autre, elle se place en victime de la situation et perd momentanément la responsabilité de son ressenti.

Dans ce schéma, les pensées sont alors sujettes à la confusion, à la remise en question permanente, la personne doute de tout et de tout le monde, jusqu'à, dans l'extrême, douter de l'utilité de sa relation. Marine peut même commencer à imaginer des scénarios négatifs, à s'inquiéter, c'est-à-dire à imaginer ce qu'elle ne veut pas qu'il arrive. Les pensées et images négatives créent de l'impuissance et laissent ressentir un certain découragement.

Mise en condition

Avec la méthode WMJ, Marine se dirait :

1 – Je libère et je lâche tous les blocages émotionnels avec cette annulation.
2 – Waw, merci, j'adore me rappeler que tout tourne en ma faveur et que je vais rebondir pour faire quelque chose que j'aime et qui me fait du bien.

Mode Zombie 2

L'injustice, la colère, la haine et la jalousie

Les émotions sont souvent rattachées à de profondes blessures du passé qui continuent de vibrer dans le corps et particulièrement dans certains organes physiologiques, et il suffit de quelques déclencheurs extérieurs pour les réveiller. Quelqu'un qui manque de respect, une critique non justifiée, un retard d'une demi-heure ou un comportement impoli peut réveiller le « dragon » chez certaines personnes.
Quand on a vécu beaucoup de blessures, d'injustices, on peut avoir tendance à s'énerver ou bouillonner facilement.
Cette colère que l'on projette vers l'extérieur est souvent là pour dire : « Je suis blessée par… » Ton comportement, tes mots, cette situation ou autres raisons. Comprendre le message de la colère aide à la dissiper. Sans compréhension de nos émotions et sans les libérer et exprimer les blessures qu'elles défendent, la descente dans l'échelle des émotions continue pour atteindre le sentiment de vengeance qui nourrit la rage, la haine envers les autres, le système, l'être humain et au final avec nous-mêmes.

Waw, merci, j'adore !

Garder de la colère contre quelqu'un qui nous a fait du mal est comme garder une pierre brûlante dans sa main. C'est nous qui continuons de nous faire mal, l'individu avec lequel nous avons eu un conflit est parti, laissons la colère partir avec lui et décidons de tirer un enseignement pour créer à l'avenir autre chose, une relation plus harmonieuse et plus juste pour toutes les personnes impliquées.

J'aimerais également vous parler de la jalousie qui crée aussi beaucoup de colère. Laissez-moi vous expliquer en quoi consiste la jalousie : c'est le fait de se comparer à quelqu'un d'autre qui n'a rien à voir avec nous, étant donné que nous sommes uniques et incomparables. La jalousie est née d'un système de comparaison, alors que nous sommes incomparables. Notre âme et notre cœur le savent, c'est pourquoi à chaque fois qu'on se sent comparé à autrui, cela peut réveiller chez certaines personnes une blessure d'injustice. Quelque chose en nous déclare : « Je n'ai rien à voir avec cette personne, nous sommes différents. »

La jalousie est différente de l'envie. L'envie, c'est vouloir posséder ce que l'autre a ; il suffit de transformer l'envie et la jalousie en une forme d'inspiration qui active un besoin en nous à satisfaire, guérir, reconnaître ou changer.

<u>Mode Zombie 3</u>

La culpabilité

Lorsqu'on a nourri autant de colère et de jalousie, beaucoup de personnes avec le recul prennent conscience des conséquences et tombent dans la culpabilité (une des

Mise en condition

émotions les plus destructrices, qui bloque l'énergie et nuit profondément à l'estime de soi). Autant vous dire qu'à ce stade, les émotions du mode Zombie laissent difficilement passer la lumière et l'énergie de vie dans le corps de la personne.

Quand nous sommes au niveau de cette échelle des émotions, nous développons alors les sentiments d'impuissance, de tristesse, de désespoir et de dépression.

La maladie trouve un terrain très favorable pour proliférer chez les personnes lorsqu'elles sont en mode Zombie, et particulièrement au niveau 3.

Je tiens à préciser que nous avons tous en nous un mode Zombie et un mode Waw. La seule différence, c'est la conscience de ses émotions et son niveau de maîtrise personnelle de ces modes. C'est ce que je veux vous apprendre à faire avec la méthode Waw, merci, j'adore ! qui vous aidera à créer en conscience l'état désiré et à sortir du mode Zombie.

J'ai un amour profond et sincère pour mon propre mode Zombie, grâce auquel je peux clarifier ce que je veux et qui me permet de rester en mode Waw. Le mode Zombie permet d'identifier le travail qu'il nous reste à faire pour guérir de nos schémas passés.

Accepter notre mode Zombie

Le secret réside dans l'autorisation à communiquer avec notre mode Zombie lorsqu'il arrive pour nous livrer un message. Car ce à quoi **nous résistons persiste, et ce à quoi nous faisons face s'efface.** Ne pas entendre une émotion, c'est comme vouloir maintenir un gros ballon sous l'eau. Plus nous

Waw, merci, j'adore !

saisissons le message tôt, plus nous pouvons rester en mode Waw.

Ce n'est pas le mode Zombie qui fait mal, ce n'est pas la colère qui fait souffrir, mais *le déni de la colère*. Ce n'est pas la tristesse qui mine quelqu'un, mais la *non-acceptation de sa tristesse*. Ce qui est merveilleux avec les émotions, c'est que dès que nous les acceptons, les reconnaissons et saisissons les messages qu'elles ont à nous transmettre, elles se libèrent. **La simple observation d'une émotion permet sa dissolution.**

Certains me disent : « Mais Leïla, comment veux-tu que j'accepte ma colère, je vais faire des dégâts autour de moi ! », ce à quoi je réponds qu'il s'agit juste d'être conscient, de savoir reconnaître que tu es en colère à ce moment-là et te dire : « Tiens, cette situation me fait ressentir de la colère, je suis en colère, cela signifie qu'il y a quelque chose qui ne me convient pas. Quelque chose en moi est blessé. »

Le message de la colère

La plupart du temps, le problème ne vient pas des émotions, mais des jugements que nous portons sur nos émotions.

La colère vient souvent délivrer un message pouvant ressembler à : « Cette situation n'est pas juste, ou c'est injuste, ou ce n'est pas du tout ce que je veux. J'ai mal quelque part. Ça ne me convient pas. » Ce message, s'il est bien reçu et perçu par vous, vous donne l'occasion de vous recentrer sur ce que vous voulez vraiment. La colère devient votre alliée, pour vous indiquer que vous vous écartez de votre objectif, de ce que vous voulez, de ce qui est juste et bon pour vous. Elle vous demande de dire les choses, d'affirmer vos besoins, elle vous dit de dire : **non**, ou peut-être de dire **oui, oui** à vous, à vos réels besoins.

Mise en condition

Beaucoup d'entre nous ont du mal à définir ce qu'ils veulent. Alors, souvent, nous expérimentons ce que nous ne voulons pas vivre pour clarifier ce que l'on veut.

Il m'a fallu du temps avant de comprendre que ce mode était plein de cadeaux, de prises de conscience, pour m'aider à grandir et être fidèle à la personne la plus importante de ma vie, celle avec qui je passe le plus de temps : moi, et plus précisément mon cœur, le siège de mon âme.

C'est comme si nous étions tous arrivés sur Terre en mode Waw, dans une félicité (un bonheur constant sans condition) et que progressivement, nous avions mis en place des barrières de protection face à un monde qui nous paraissait parfois hostile. Cette carapace constitue la fonction principale de notre mode Zombie, qui a bien entendu une intention positive, comme celle de vous faire vous sentir en sécurité, être aimé ou bien d'autres raisons.

La seule différence est le niveau de conscience et l'utilisation de notre libre arbitre pour choisir dans quel mode nous souhaitons rester et ainsi garder en main le trousseau de clés nous permettant d'ouvrir et fermer la porte comme bon nous semble.

Nous sommes la seule espèce sur Terre dotée de la conscience de soi et du libre arbitre. **Le libre arbitre, c'est la capacité de choisir en toutes circonstances.** C'est ce laps de temps infime qui existe dans notre cerveau avant de donner une réponse à quelque chose. Cela rejoint le principe puissant de 100 % responsabilité. C'est un choix conscient qui nous permet *soit de réagir au monde, soit d'agir sur le monde. Soit je suis une cause, soit je suis un effet.*

Waw, merci, j'adore !

Le témoignage d'une femme joyeuse et lumineuse pourtant rescapée des camps de concentration

Alice Sommer Herz, une virtuose du piano, une des dernières rescapées des camps de concentration qui s'est éteinte en 2014 à l'âge de cent dix ans, est un exemple extraordinaire de libre arbitre. Elle a choisi d'être la cause et a fait de la joie sa meilleure amie tout au long de sa vie. Elle a joué du piano tous les jours jusqu'à sa mort. On la surnommait *La Femme du sixième étage* (magnifique documentaire à regarder). Elle témoigne de cette période de sa vie dans le camp de concentration.

« *Il y a eu de très bons moments, là-bas. Je savais que même dans cette situation extrêmement difficile, il y avait de beaux moments. Il n'existe rien dans notre monde qui soit seulement mauvais. Même dans le mal, il y a de la beauté, selon moi. Quand on sait où la chercher. C'est obligé.* »

Alice Sommer Herz

En lisant ces quelques lignes, on constate bien qu'elle est restée en mode Waw, dans un monde où la majorité des gens savaient rester uniquement en mode Zombie.

Il semble difficile d'accepter que nous créions les problèmes, les maladies, les accidents ou la situation financière dans laquelle nous nous trouvons. Encore une fois, est-ce que cette croyance vous donne plus de pouvoir ou moins de pouvoir ? Dans tous les cas, que vous le vouliez ou non, la loi de l'attraction existe et vous l'utilisez en permanence.

— 8 —

C'est quoi l'énergie ?

Nous sommes des êtres lumineux, constitués d'énergie

Nous sommes des êtres constitués d'énergie. Si nous mettions un être humain sous un microscope, nous y verrions une forme d'énergie qui circule. La science le démontre aujourd'hui.
Pendant des années, les chercheurs étaient persuadés qu'il n'y avait rien de plus petit que les atomes, jusqu'à ce que l'on découvre un nouvel appareil de mesure démontrant l'existence des électrons. Aujourd'hui, on sait qu'entre les électrons, il existe un autre espace invisible pour l'œil de l'être humain, qui est constitué d'énergie.
Tout n'est qu'énergie. Nous ne sommes qu'énergie, et tous les éléments vivants communiquent les uns avec les autres grâce à l'énergie. Il ne s'agit pas de comprendre ce qu'est l'énergie pour pouvoir s'autoriser à l'utiliser. Vous utilisez de l'électricité tous les jours sans vraiment savoir comment cela fonctionne. Mais ce que l'on sait, c'est que l'on peut réchauffer un plat avec l'électricité comme on peut mettre en place la peine de mort.

La peur de la prise de conscience

Elle existe, tout dépend de l'utilisation que l'on en fait. C'est pareil pour la loi de l'attraction. Que vous le vouliez ou non, que vous y croyiez ou non, elle existe et vous l'utilisez, consciemment ou inconsciemment.
Beaucoup de personnes qui connaissent la loi d'attraction ont peur de cette prise de conscience, car ils réalisent que leurs pensées négatives créent encore plus d'évènements négatifs dans leur vie.

Waw, merci, j'adore !

Alors, ils commencent à avoir peur d'eux-mêmes, de tout ce qui est négatif, à rejeter toute forme de négativité autour d'eux ou en eux. Et malgré tout cela, ils se rendent compte que rien ne change. Au contraire, leur situation empire et ils finissent par croire que la loi d'attraction ne marche pas. Le fait de croire que ça ne marche pas bloque la réalisation. Comme le disait Henry Ford : « Que vous pensiez pouvoir accomplir une tâche ou ne pas pouvoir l'accomplir, vous avez dans les deux cas raison. » La clé, c'est de cultiver la foi, la confiance en soi et en la vie.

Ce que nous rejetons persiste, ce à quoi nous faisons face s'efface. Plus nous nierons la réalité, plus elle se manifestera. Plus grand sera notre déni, plus difficile sera notre expérience de prise de conscience. C'est comme si vous appuyiez sur un ballon gonflable dans une piscine pour le maintenir sous l'eau : au bout d'un moment, la résistance sera telle que vous céderez sous la pression et qu'il remontera à la surface avec puissance.

Malheureusement, beaucoup d'entre nous, moi la première, ont eu tendance à attendre que les choses empirent pour accepter de reconnaître la vérité et prendre des décisions. Une fois que l'on accepte que ce ballon rouge existe et que l'on reconnaît son existence et son utilité dans notre vie, celui-ci poursuit son chemin.

C'est le même principe qu'avec nos émotions. Rappelez-vous, je vous ai dit que nos émotions étaient des messagers, nos boussoles, les voyants de notre voiture, qu'elles nous permettaient de savoir où nous en sommes. Beaucoup d'entre nous restent en mode Zombie en collant un smiley sur le tableau de bord, en imaginant que tout ira bien. C'est ce que j'appelle, sans jugement, mettre de la peinture rose sur un mur délabré. Avant que le mur ne s'écroule, il est plus judicieux de décoller l'autocollant pour voir la vérité et ainsi la transformer selon vos véritables désirs. Rappelez-vous que derrière chaque grande peur réside un grand désir.

Les 3 niveaux de la réalité selon Grigori Grabovoï

La preuve par la science

Laissez-moi vous expliquer les **3 différents niveaux de la réalité** expliqués par Grigori Grabovoï (génie scientifique de ce siècle reconnu).

1 – Le niveau matériel de la réalité. Cela rejoint l'index de conscience dont je vous ai parlé avec le schéma des 3 phases de la conscience. C'est la perception de la réalité à travers nos 5 sens et notre corps physique. Cette réalité est de la lumière pure tellement condensée qu'elle devient matière. Elle correspond à la formule de Einstein $E= mc^2$, qui signifie en version simplifiée : l'énergie est égale à la matière.

2 – Le niveau énergétique de la réalité. Ce niveau est constitué lui aussi de lumière pure condensée, qui est perceptible par nos organes, notamment, les chakras, que l'on nomme « centres énergétiques ». À ce niveau, c'est notre conscient qui perçoit la réalité, mais elle est influencée par notre inconscient et la partie non structurée de notre conscience. C'est-à-dire la partie qui a des blessures, des croyances limitantes, des perceptions erronées, et à laquelle il manque certaines informations fondamentales.
À ce niveau-ci de la réalité, l'inconscient collectif peut impacter la conscience individuelle.

3 – Le niveau fondamental de la réalité est constitué de flux de lumières informationnels, considéré comme l'énergie pure d'amour. Dans les sciences védiques, on l'appelle le niveau Mahākāśa, qui signifie que le Cosmos entier, tout ce qui est à l'extérieur et à l'intérieur forme Mahākāśa. C'est le niveau ultime, l'unité totale.

Avec la méthode WMJ, nous travaillons principalement sur le niveau 2 pour structurer la conscience. Il est possible que vous n'ayez pas tout saisi, c'est OK, continuez de lire pour arriver à la partie pratique du livre.

L'énergie dans l'hindouisme, extrait chapitre 9 du Bhagavad Gita

Avant de revenir à la méthode, il me tient à cœur de partager avec vous, cet extrait du Bhagavad Gita (ce texte sacré daté du Ve siècle av-J.C.) ; c'est un des écrits fondamentaux de l'hindouisme, souvent considéré comme un « abrégé de toute la doctrine védique », il contient 18 chapitres.

Voici un extrait du chapitre 9.

« L'Univers tout entier est pure intelligence.

Tous nos problèmes, tensions et stress surgissent parce que nous pensons que nous faisons tout. Nous pensons que l'Univers fonctionne grâce à nous. Comprenez que l'Univers fonctionne malgré nous ! Nous devons comprendre que l'Univers est intelligent et qu'il répond à nos pensées.

D'une manière ou d'une autre, nous sommes dans cet Univers. Parce que l'Univers est intelligence, il répond à nos pensées. Il fait en sorte que les choses se produisent. Puisque nous faisons partie de cet Univers, il suffit de couler avec l'énergie de l'Univers. N'y résistez pas. Si cette compréhension pénètre notre vie, c'est suffisant !

La Terre et une énergie, l'Eau est une énergie (inondation…), le Feu est une énergie, l'Air est une énergie (ouragans…). De la même manière,

Mise en condition

ākāśa (espace ou éther) est aussi de l'énergie. Nous ne connaissons pas le pouvoir de ākāśa, car il ne crée pas directement d'impacts et d'effets dans nos vies. Ākāśa est perturbé par nos pensées négatives collectives, notre poison collectif. L'énergie collective de l'Univers est ākāśa.

Parce que l'éther ou l'espace est si subtil et si sensible, nous ne pouvons pas ressentir les évènements qui se produisent dans l'espace de l'éther. Nous ressentons les évènements qui se produisent dans les quatre autres espaces : la terre, l'eau, le feu et l'air, c'est pourquoi nous pouvons comprendre les évènements qui s'y produisent. Cependant, nous ne comprenons pas que l'espace, l'éther est aussi une énergie, une puissance. Il est plus subtil et plus puissant, parce que plus il est subtil, plus il devient puissant et énergétique.

Nous pensons que nous ne sommes que ce corps et rien d'autre. C'est le niveau le plus bas.

NIVEAUX DE L'ESPACE, ĀKĀŚA

Il y a trois niveaux d'espace.

1 – Le premier niveau est celui où nous sommes limités à ce qui se trouve à l'intérieur de cette peau. Il s'agit de Ghaṭākāśa, de ce qui est contenu dans notre corps.
Nous pensons que nous ne sommes que ce corps et rien d'autre. C'est le niveau le plus bas.

2 – Le niveau suivant est Cidākāśa. Cet espace fait référence à ce que notre mental perçoit comme étant le monde. Disons que nous sommes assis ici, mais que notre mental est à Los Angeles. Alors, ce (Los Angeles) devient notre cidākāśa, l'espace perçu par notre mental.

3 – Le troisième et dernier niveau est Mahākāśa. Le Cosmos entier, tout ce qui est à l'extérieur et à l'intérieur forme mahākāśa. C'est le

Waw, merci, j'adore !

niveau ultime. C'est le niveau où tout ce que nous considérons comme différent devient Un.

Comprenez bien clairement ces trois espaces. Notre corps, tout ce qui est à l'intérieur de cette peau est ghaṭākāśa. Ensuite, l'espace régi par notre mental, par nos pensées, est cidākāśa. Enfin, l'Univers entier, le cosmos entier, forme mahākāśa. »

Bhagavad Gita
Texte majeur de l'hindouisme et de la philosophie indienne

La méthode WMJ pour agir sur nos pensées et nos émotions

Revenons à la Méthode WMJ, pour agir sur le 1er et 2e niveau de la réalité, c'est-à-dire sur nos pensées et notre corps émotionnel.

Blocage lié à un conflit de valeur : BONHEUR VS ARGENT

Un blocage peut également être lié à un conflit entre deux valeurs en nous. Par exemple, deux croyances paradoxales : l'argent ne fait pas le bonheur VS l'argent contribue au bonheur. Dans ces deux croyances, nous pouvons noter plusieurs valeurs qui entrent en conflit : la valeur de bonheur s'oppose à la matérialité via l'argent.

La solution avec la méthode WMJ

Cela consiste à créer une nouvelle harmonie entre ces deux valeurs, en faisant une libération avec la Méthode WMJ.
Prenez une inspiration par la bouche, restez en apnée et répétez : « *Je libère et je lâche toutes les résistances émotionnelles avec l'argent et le bonheur.* » Soufflez (répétez le processus trois fois).

Mise en condition

Reprogrammez ou restructurez en prenant une inspiration par la bouche, en affirmant de croire :
« Waw, merci, j'adore avoir l'argent et le bonheur en même temps en me sentant bien. »
« Waw, merci, j'adore me sentir légitime de vivre le bonheur en étant prospère. »
« Waw, merci, j'adore voir que l'argent et le bonheur circulent librement et en harmonie dans ma vie et celles des autres. »
« Waw, merci, j'adore croire que l'argent est au service de mon bonheur. »
« Waw, merci, j'adore sentir que mon bonheur réside en moi. »
« Waw, merci, j'adore partager généreusement mon bonheur avec de l'argent. »
« Waw, merci, j'adore utiliser l'argent pour faire le Bien dans tous les domaines de ma vie. »

C'est ce processus que vous allez faire durant les 7 semaines, dans la deuxième partie pratique du livre. Vous allez vous libérer de vos dépendances émotionnelles passées.
C'est une grande liberté qui s'opère alors, car lorsque nos émotions négatives deviennent le guide de notre pensée, nous sommes alors bloqués dans des schémas du passé.
Certaines personnes peuvent rester enlisées dans des émotions ancrées dans le corps pendant des années suite à une rancœur envers un ex-conjoint, une dispute qui a créé la séparation ou une grande blessure.

La Méthode WMJ vous apportera une liberté émotionnelle permettant à votre esprit de reprendre le dessus sur le corps, gardien des mémoires émotionnelles du passé.

— 9 —

Le pouvoir des bonnes questions

C'est ce que j'appelle apprendre à être inconditionnellement positif. Par exemple, vous vivez une mauvaise nouvelle (licenciement, séparation, maladie ou problème relationnel ou financier).

Étape 1 : Accepter que vous avez créé cette situation

Consciemment ou inconsciemment, en ayant des pensées négatives et des vibrations en mode Zombie.

Étape 2 : Tirez-en un enseignement en vous posant les bonnes questions

- Quel enseignement puis-je tirer de cette situation ?
- Qu'est-ce que cela m'apprend ?
- Quelle décision dois-je prendre pour donner une nouvelle orientation ?
- Qu'est-ce que je veux vivre à l'avenir ?
- Qu'est-ce que je dois améliorer en moi ?
- Quelle croyance dois-je transformer ?
- Quelle blessure de mon passé est remise sur le tapis ?

Attention à ne pas utiliser le *pourquoi*, qui vous maintient en mode Zombie, vous fait seulement valider la situation avec une attitude de constatation, de fatalité, et qui a tendance à entraîner des justifications validant l'existence de ces faits. Évitez ce type de raisonnements qui crée de l'incompréhension et de l'impuissance :
« Pourquoi je vis ça ? C'est comme ça. »

Préférez les questions ouvertes comme celles-ci :

- Qu'est-ce que je peux faire pour améliorer cette situation ?
- De quoi ai-je besoin pour réussir à me sentir mieux ?
- Qu'est-ce qui me ferait du bien ?
- Comment faire en sorte de vivre au mieux cette situation ?
- Quel est le résultat que je souhaite ?
- Quel comportement suis-je prêt à modifier pour obtenir ce que je veux ?
- Et si je voulais me sentir bien, à quoi je pourrais penser ?
- Et si ça marchait, ça serait comment ?
- Et si c'était possible, je me sentirais comment ?
- Qu'est-ce qui est sous mon contrôle ?
- Comment réagirait la personne que j'admire le plus ?

Étape 3 : Posture de confiance en toutes circonstances

Même si la situation semble compliquée, difficile et que vous êtes en mode Zombie, déclarez : **« Même si je ne sais pas comment, je sais au fond de moi que tout cela va tourner en ma faveur. »**

Étape 4 : J'utilise la méthode Waw, merci, j'adore !

Ceci pour libérer les vieux schémas, et je fais le plus petit pas possible dans les 48 heures en direction de mon objectif.

Quelle action, aussi petite soit-elle, pourrais-je faire aujourd'hui pour aller vers mon objectif ?

Cette question est puissante, elle permet d'activer votre cortex frontal gauche, qui est comme le donneur d'ordres de votre inconscient. C'est en quelque sorte le patron de votre entreprise. Sauf que si vous ne lui posez pas les bonnes questions concernant vos objectifs, il va avoir tendance à chercher toutes les raisons de ne pas le faire. Et c'est pareil pour l'état dans lequel vous souhaitez vous sentir : si vous n'indiquez pas l'état émotionnel souhaité, le cerveau ira chercher dans vos dossiers références. En disant régulièrement « Waw, merci, j'adore ! », le cerveau comprend tout de suite mieux.

Concernant vos objectifs, il est important de faire une action dans les quarante-huit heures, sinon votre cerveau ne vous prend pas au sérieux. Pour montrer votre détermination, vous devez faire quelques pas dans ce sens pour activer votre GPS, dans les quarante-huit heures au plus tard, sinon l'inconscient perçoit votre ordre comme non urgent, sans importance et peu finir aux oubliettes.

— 10 —

Les principes de base pour être plus en mode WAW dans votre vie

Mode "WAW"		1. Joie, savoir, liberté, appréciation, maîtrise personnelle 2. Passion, enthousiasme, bonheur, empressement 3. Attention, confiance, attente positive, optimise 4. Espoir, contentement, amour, gratitude.

Comme vous l'avez compris, il est question ici de s'autoriser à ressentir davantage de joie dans sa vie, davantage de cette famille d'émotions que vous trouvez en mode Waw. Permettez-vous cette reconnexion à chacune des ressources présentes en vous. La joie, l'amour, le bonheur sont déjà là en vous, il s'agit de leur faire plus de place au quotidien.

4 principes de base pour mieux contrôler sa réalité

Si vous voulez changer des choses dans votre vie, il va falloir changer des choses dans votre vie.

Afin que cette méthode puisse donner des résultats immédiats en vous libérant instantanément de vos blocages, il me semble indispensable de vous rappeler les principes de base de la réussite et du bonheur, sans lesquels le processus du changement ne pourra pas être activé durablement, de manière stable et certaine dans votre vie.

La réussite, chacun en a bien sûr sa propre définition. Pour beaucoup, c'est vivre sa vie comme on l'entend, en se sentant

Waw, merci, j'adore !

le plus souvent possible bien ici et maintenant, en mode Waw. Chacun aura un concept particulier de la réussite selon sa vie unique et singulière.

Dans tous les cas, pour créer une vie qui nous apporte de la satisfaction personnelle sur la majorité des plans, on doit être toujours prêts à apprendre.

1 – Certains parlent de taux d'enseignabilité, d'autres de taux de coachabilité

Cela signifie que pour qu'il y ait un changement dans votre vie, il est indispensable d'apprendre de nouvelles informations, car vous ne savez pas ce que vous ne savez pas. Si nous continuons à penser et à croire les mêmes choses, rien ne peut évoluer. Si vous voulez voir changer les choses dans votre vie, il va falloir effectuer des changements. Relisez cette phrase trois fois. Est-ce logique ?

« La folie, c'est de faire toujours les choses de la même manière et de s'attendre à un résultat différent. »
Albert Einstein

Je vois tellement de personnes qui souhaitent des améliorations dans leur vie sans rien y modifier... Il est évident et respectable que chacun fait du mieux qu'il peut avec les informations dont il dispose. Maintenant, il s'agit de s'autoriser non seulement à apprendre, mais aussi à appliquer, en pratiquant.
Pour cela, nous devons acquérir de nouvelles informations afin de créer de nouvelles connexions neuronales. La plus grande différence entre les êtres, ce sont les informations qu'ils ont à leur disposition, et surtout ce qu'ils en font.

2 – Le taux d'enseignabilité et le taux acceptation du changement

Le deuxième principe est le taux d'enseignabilité, qui inclut le taux d'acceptation du changement.
J'aime expliquer aux personnes que le changement n'est rien d'autre qu'une expansion de leur territoire, de leur champ des possibles. Il ne s'agit pas ici de changer quoi que ce soit en vous, mais seulement d'agrandir votre champ des possibles, vous donner plus d'options. C'est comme si vous viviez dans un studio alors que vous possédez un château. Vous avez le trousseau de clés en vous.

Par exemple, si vous êtes toujours stressé, peut-être pouvez-vous apprendre à être plus détendu. Vous aurez le choix du mode que vous voulez, Zombie ou Waw. La plupart du temps, les obstacles au changement sont liés à la peur de l'inconnu, la peur de se tromper, la peur de ne pas y arriver, la peur de se perdre, la peur d'être rejeté, la peur de ne plus être aimé si l'on change, la peur d'être critiqué et bien d'autres que nous citerons plus tard.

3 – Les 4 phases de l'apprentissage

Comprendre les 4 **phases de l'apprentissage** que j'ai découvertes dans la Programmation Neuro-Linguistique (PNL). Chaque être humain passe par ces phases pour apprendre de nouvelles compétences. Voici un schéma simple expliquant les quatre étapes par lesquelles nous passons pour intégrer une information dans notre cerveau.

Phase 1 : Je suis **inconsciente** de mon **incompétence**, je ne sais pas ce que je ne sais pas. Jusqu'à présent, vous n'aviez pas eu besoin dans votre vie de cette information et elle était complètement à l'extérieur de votre écran radar (ce que vous pouvez voir de là où vous êtes). Exemple : à quinze ans, vous ne saviez pas que vous ne saviez pas conduire.

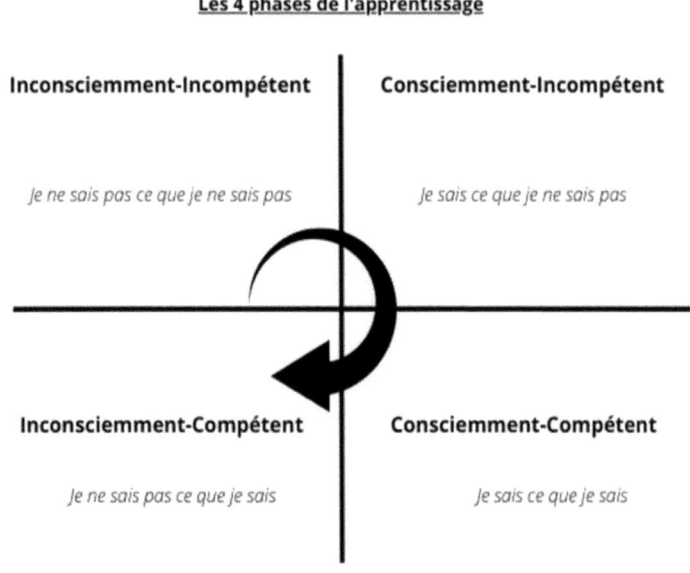

Phase 2 : Je suis **consciente** de mon **incompétence**, je sais ce que je ne sais pas. C'est lorsque vous prenez conscience qu'il vous manque une information pour pouvoir mettre en œuvre une action ou atteindre un objectif. Exemple : à quinze ans, vous saviez que vous ne saviez pas conduire, car vous vous trouviez dans l'incapacité de conduire une voiture.

Phase 3 : Je suis **consciente** de ma **compétence**, je sais ce que je sais. Exemple : vous êtes en train de conduire avec votre moniteur d'auto-école, vous conduisez donc en pleine conscience, en portant attention à chacun de vos gestes. C'est ce que nous faisons tous lorsque nous apprenons à faire quelque chose pour la première fois.

Mise en condition

Phase 4 : Je suis **inconsciente** de ma **compétence**, je ne sais pas ce que je sais. Exemple : lorsque vous arrivez chez vous et que vous ne vous souvenez même plus du trajet. Vous avez conduit sans réfléchir, vous étiez en mode automatique. Vous ne savez pas ce que vous savez, c'est comme une évidence.

Vous l'aurez compris, la phase cruciale réside dans la phase 3, où vous êtes en pleine conscience de votre compétence. C'est le seul instant où vous apprenez et créez de nouvelles connexions neuronales qui vous permettront d'acquérir un savoir.

La plupart d'entre nous se retrouvent bloqués à cette phase, à cause de la **phobie de l'erreur**. Beaucoup de personnes ne s'autorisent pas l'erreur, visent la perfection en oubliant que l'erreur est le chemin qui y mène. C'est comme prendre un cours de peinture et arrêter parce que cela ne ressemble pas à une œuvre de Picasso. Picasso avait pour grande qualité d'accepter de se tromper, comme beaucoup de grands artistes et de personnes prospères.

4 – L'erreur est un apprentissage

L'erreur permet d'avoir un retour d'informations nous donnant la possibilité de redresser la barre du navire dans la direction souhaitée, avec d'autres ressources. L'erreur est indispensable à l'accroissement, elle fait partie du processus d'évolution.

Nous sommes aujourd'hui dans une société où les systèmes éducatifs des gouvernements ne favorisent pas la joie dans l'apprentissage. Bon nombre d'entre nous ont été traumatisés par les méthodes traditionnelles d'enseignement, où l'erreur était associée à la honte ou à la peur de mal faire, à la peur de la critique parfois publique, devant tous les camarades, la peur

Waw, merci, j'adore !

d'être ridicule si l'on se trompe, d'être déçu si l'on n'y arrive pas, alors on n'essaie même pas ; il y a la peur de réussir aussi – eh oui, que va-t-il se passer, est-ce qu'on m'aimera toujours pour qui je suis ou seulement pour ce que je fais et ce que j'ai ?

Il existe encore bien d'autres émotions, pensées, croyances ou comportements qui peuvent parfois brider la volonté d'apprendre. Pourtant, aujourd'hui, il est démontré scientifiquement que c'est en valorisant les étudiants et en les encourageant face à l'erreur qu'ils sont les plus performants. Certains arts, comme le théâtre, applaudissent même l'erreur, car elle est le plus grand signe d'avancement. Tout dépend de la perception que l'on a de l'erreur. Encore une fois, cela peut être une perception aidante ou limitante.

Et si l'erreur n'existait pas ? Si tout n'était qu'apprentissage ? Si le problème n'existait pas ? Ne serait-il pas merveilleux de considérer que toute erreur n'est qu'une opportunité d'apprendre, grandir, s'accroître ?

Heureusement que monsieur Edison ne s'est pas arrêté à ses erreurs. C'est lui qui a créé la lampe à incandescence. Quand on lui a dit « vous avez fait dix mille erreurs », il a répondu : « Oui, j'ai trouvé dix mille manières de ne pas y arriver. » Intéressant. À chaque erreur, il se disait : « Super, je me rapproche de mon but. »

Et vous, où en êtes-vous avec le droit à l'erreur ? Vous autorisez-vous à prendre le risque de vous tromper ? La prochaine fois que vous voyez quelqu'un faire une erreur, dites-lui : « C'est bien, tu as appris. »

L'une des questions qui vous aideront à passer à l'action est celle-ci : **Au pire, qu'est-ce qui peut m'arriver si je me**

trompe ? Envisager le scénario catastrophe nous permet de relativiser. Vous constaterez bien vite que ce que vous croyez être un problème n'en est pas vraiment un. C'est plus l'image, la représentation que vous vous en faites. Notre perception est notre réalité. Plus nous modifions notre perception du problème, plus notre réalité change. D'ailleurs, l'étymologie du mot *problème* signifie « les dieux te jettent une pierre aux pieds. » Personnellement, j'ai fait le choix de faire de chaque pierre une marche de mon escalier. Et vous ?

Ainsi, nous constatons que l'un des plus gros freins à l'apprentissage est le droit à l'erreur. Posez-vous la question. Quelle est votre volonté d'apprendre sur une échelle de 1 à 10 ? Et à combien souhaitez-vous être ?

_____

_____

_____

Le résultat peut varier selon les contextes, les circonstances. La clé est de se poser régulièrement la question et de faire en sorte de valoriser votre capacité d'apprendre, c'est ce qui nous fait grandir et structurer notre conscience, car nous sommes comme les plantes : soit elles poussent, soit elles meurent.

Plusieurs trames d'apprentissages s'offrent à vous : voyage, rencontre, lecture, cours, travail, famille… Toutes ces actions vous amènent à découvrir une autre vision du monde. L'intégration de ces nouvelles données permet à votre système cérébral de s'accroître. Dans le cas contraire, nos cellules stagnent et finissent même par régresser. C'est en apprenant constamment de nouvelles choses, en offrant à nos yeux, à nos sens de nouvelles perspectives que nous augmentons l'harmonie avec le principe d'accroissement de la vie, dont parle très bien Wallace D. Wattles dans *La Science de l'enrichissement*.

La notion de désir ardent, de motivation et votre niveau de croyance

Croyances aidantes ou croyances limitantes ?

Qu'est-ce qu'une croyance ? Une croyance est quelque chose que l'on croit être vrai et qui a pour principe d'être vérifiable par des expériences passées, vécues ou observées, qui viennent valider et renforcer cette croyance. Imaginez votre cerveau comme un champ de blé. Une croyance sera un chemin que vous avez emprunté pendant des années. Plus vous avez traversé ce chemin et plus le blé s'est tassé.

Il n'y a pas de bonne ou de mauvaise croyance, il y a seulement des croyances aidantes et des croyances limitantes, tout comme il y a des chemins qui vous permettront d'accroître votre territoire et d'autres qui vous feront tourner en rond sur votre terrain. Et si vous continuez d'expérimenter ou de vivre des situations qui ne vous conviennent pas, cela signifie que de nouvelles croyances dans ce domaine de votre vie doivent être créées.

Si vous croyez que vous n'attirez que des personnes négatives, vous continuerez à n'attirer que des personnes négatives. La solution serait de décider de croire qu'à partir de maintenant, vous attirez des personnes positives et de concentrer votre attention sur la recherche de ces personnes. Vous constaterez rapidement un changement dans votre entourage. Déclarez : « Waw, merci, j'adore attirer des personnes positives dans ma vie ! »

Mise en condition

Faites quelques libérations du mode Zombie avec la technique WMJ au sujet des personnes négatives. Expérimentez-le dans les jours à venir et notez tous les changements positifs que vous verrez s'opérer. Nous sommes responsables de nos pensées et de ce que nous créons dans nos vies.

Les faits sont l'effet de la croyance

Certains de mes clients me disent : « Non, mais Leïla, les gens sont jaloux et méchants, ce n'est pas qu'une croyance, je t'assure, c'est vrai, les faits et la réalité le prouvent. » Ma réponse est toujours la même. Bien sûr que c'est vrai et vérifiable, c'est le principe d'une croyance, elle s'appuie sur des faits, des expériences véritables.
Donc la croyance que vous entretenez est la cause. Si vous voulez modifier les faits (l'effet), agissez sur la cause, la croyance !

Waw, merci, j'adore ! ça veut dire qu'il faut croire autre chose, et on dit au cerveau « j'adore » ; quand il aime, il se met en action plus vite.
Rappelez-vous, le cerveau réalise ce qu'il croit être notre plus grand désir. Dites-lui que vous adorez ça et vous l'aurez. Il vous aidera à identifier toutes les façons de l'obtenir.
C'est là que réside notre plus grand pouvoir de création. Nous pouvons créer les croyances que nous voulons et donner les ordres que nous voulons à notre cerveau, à l'univers, quand nous le voulons, autant que nous le voulons.

Et si je décidais de croire que je n'attire que des personnes positives et qui m'aident à évoluer ? Est-ce que cela m'aiderait de croire que je ne suis pas responsable de ce qu'il m'arrive ? Est-ce que cela m'aiderait de croire que je suis responsable à 100 % de tout ce qu'il m'arrive ? Pour ma part, j'ai choisi de croire que je suis responsable à 100 %, car cela augmente mon pouvoir créatif et me rend maître de mon bateau.

Quelles que soient les circonstances extérieures, c'est mon intérieur qui agit sur ma vision de l'extérieur. Je ne peux pas agir sur tous les évènements extérieurs, mais je peux agir sur ma manière de les vivre et décider de comment me sentir en toutes circonstances, ce qui est corroboré aujourd'hui par le fait que nos pensées créent notre réalité. Il n'est pas facile d'arrêter de croire ce que l'on a toujours cru pendant des années. C'est un peu comme si je vous annonçais que la Terre était ronde alors que pendant des siècles, on vous avait dit qu'elle était plate, mais c'est possible par amour de la liberté et de l'amour.

Ce que l'on va faire avec la Méthode WMJ, c'est libérer les séquences émotionnelles rattachées à ces croyances limitantes passées. Car plus l'émotion rattachée à cette croyance a été intense, plus celle-ci va diriger votre vie de manière aidante ou limitante. Ce qui nous intéresse ici est de libérer les émotions bloquées afin que puissiez passer à l'action avec plus d'aisance.

La respiration consciente

Les techniques de respiration sont très variées et très utilisées dans le yoga originel védique, les arts martiaux, la kinésiologie, la sophrologie et beaucoup de pratiques spirituelles orientales, qui permettent de réoxygéner instantanément notre cerveau et toutes les cellules de notre corps.
La respiration consciente consiste à inspirer par la bouche. C'est d'ailleurs par la bouche que nous prenons notre premier souffle. Quand nous sortons de l'eau, le premier réflexe de vie est d'ouvrir la bouche pour inspirer.

Mise en condition

> **Faites le test :**
>
> – Prenez une grande inspiration par le nez en portant votre attention sur le trajet de l'air dans votre corps. Super.
> – Maintenant, faites la même chose en inspirant profondément par la bouche. Vous sentez la différence.

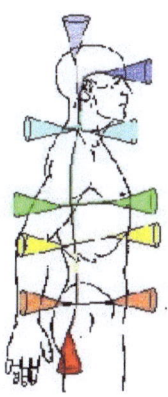

En inspirant, par la bouche nous envoyons plus facilement l'air jusque dans le bas ventre. C'est ce qu'on appelle la **respiration consciente**. Il s'agit de prendre une grande inspiration par la bouche, en vous tenant droit, en faisant en sorte de gonfler le ventre pour favoriser la respiration abdominale. Le ventre, que certaines cultures appellent le deuxième cerveau, est aussi le siège de nos émotions.

La respiration consciente permet de faire circuler l'air dans **les sept points** énergétiques, que l'on nomme aussi **chakras** ou encore **centres énergétiques vitaux** en médecine traditionnelle.

Pourquoi l'apnée ?

Car quand nous restons en apnée, nous activons toutes les stratégies de survie de notre cerveau. Le cerveau se dit : « Alerte, alerte, il n'y a plus d'oxygène, qu'est-ce qu'il faut faire ? » À ce moment-là, nous avons un accès direct à notre inconscient. Ainsi, il ouvre la porte de notre hypothalamus, qui nous permet ainsi de donner un ordre à notre subconscient. Et par l'expiration de l'air, en soufflant de manière engagée, le processus de libération s'effectue.

Waw, merci, j'adore !

Résumé : prenez une profonde inspiration par la bouche, restez en apnée en donnant l'ordre suivant à votre subconscient dans votre tête : « Je libère et je lâche toutes les résistances émotionnelles liées à (nommer la situation, la personne ou le problème) » et soufflez pour libérer cette mémoire émotionnelle de votre corps physique.

Pour vous appropriez l'outil, je vous invite à aller sur ma chaîne YouTube *leilabcoaching* ou sur le site *leilab.fr*.

6 – Qu'est-ce que le subconscient ? L'inconscient ?

Tout comme l'iceberg, qui a une partie immergée dans l'eau à 95 %, l'inconscient peut être perçu comme la partie invisible sous l'eau de notre conscience, c'est ce qu'il y a à la surface. Ces notions peuvent nous sembler floues, car inconnues pour bon nombre d'entre nous. Surtout lorsque l'on 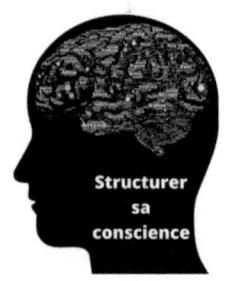 apprend avec la neuroscience et la physique quantique que notre inconscient gère 98 % de notre vie. Autant dire qu'il est préférable d'en faire un allié. C'est comme si jusqu'à maintenant, vous étiez le copilote d'un étranger dont vous ne parliez pas la langue.

Et ce qui est important, c'est de parler sa langue, de lui donner l'adresse où vous souhaitez vous rendre, que vous utilisiez le bon langage pour qu'il vous donne ce dont vous avez besoin.

Avant d'avoir intégré toutes ces connaissances, j'ai longtemps eu peur de mon inconscient. J'avais l'impression d'avoir en

moi une entité avec qui j'étais constamment en conflit. Cela était dû au fait que je passais mon temps à lui dire ce que je ne voulais pas.
Or, ce pilote, notre inconscient ou subconscient, ne comprend pas la négation.

Le cerveau visualise l'action à travers les mots et les images que nous lui transmettons

J'ai donc appris, comme je vous propose de le faire, à lui demander clairement ce que je voulais. Cela présuppose bien entendu de lui faire à 100 % confiance. De toute façon, que nous le voulions ou non, cette partie de nous est à 98 % aux commandes d'exécutions, donc autant lui donner les bons ordres, avec la certitude qu'il y répondra parfaitement, en toute sécurité, pour notre stabilité et notre liberté.
Cela rejoint la confiance en soi, liée à la capacité de reconnaître nos compétences et notre capacité à réaliser ce que nous voulons. Plus vous êtes reconnaissants de vos réussites et plus vous faites confiance à votre inconscient, et donc à vous, puisqu'il s'agit d'un organe sous le contrôle de votre conscience.

Dernièrement, au cours de l'une des formations où je formais mes clients à devenir leur propre coach, ce fut une grande révélation pour l'une de mes stagiaires quand j'ai dit que « mon inconscient, c'est moi. » Elle est venue me dire : « Waw, merci, j'adore ! Je n'avais jamais vu ça comme ça. Si mon inconscient c'est moi, alors tout va bien. » C'est un problème pour beaucoup de personnes, qui créent une division interne. L'égo veut nous séparer de tout, même de nous. Il a pour adage « diviser pour mieux régner » et surtout exister.

Waw, merci, j'adore !

Imaginez maintenant que le subconscient soit comme le génie de la lampe d'Aladin. Eh bien, il est plus simple pour lui de communiquer avec vous lorsque vous frottez la lampe en mode Waw. Dès que vous repassez au mode Zombie, la connexion est plus confuse, c'est comme si vous vous déconnectiez de votre source. C'est la raison pour laquelle lorsque l'on pratique l'hypnose ou toute autre technique de relaxation, la première étape consiste à créer une induction paisible afin de faire passer la personne dans un état approprié de concentration optimale afin qu'elle puisse accéder à cet espace intérieur, le subconscient et l'inconscient. Nous avons besoin de nous sentir en confiance, détendus, en toute sécurité pour aller à l'intérieur de nous.

Le mode Waw, c'est la porte d'entrée qui vous permet de mieux vous contrôler, de mieux maîtriser votre bateau, votre inconscient, donc votre état d'être et par conséquent votre vie.

Notre inconscient ne connaît ni bien ni mal, il répond à nos pensées et aux données transmises, il traite à chaque instant 4 millions de bits d'informations à la seconde. Il s'occupe de faire battre notre cœur, de gérer les milliards de cellules qui nous composent pendant que nous nous concentrons sur nos actions.

C'est quoi une pensée ?

Une pensée, c'est une série de neurones qui se connectent entre eux avec des synapses et qui forment un chemin de pensées. Chaque neurone ressemble à un arbre, avec des branches appelées dendrites et un tronc appelé axone. Cet arbre de neurones émet des vibrations, des fréquences qui se diffusent au-delà du cerveau dans l'atmosphère. Et c'est comme si dans chaque petit arbre, il y avait de la sève. Et la sève, c'est un peu comme l'émotion.

Mise en condition

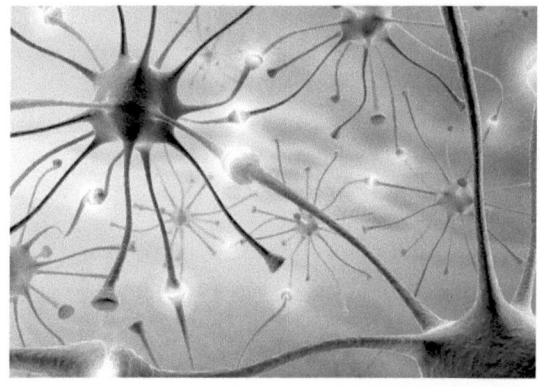

Neurones et connexions entre eux quand on reçoit de nouvelles infos ; on crée de nouvelles connexions.

Ce qu'il est important de retenir ici, c'est que **chaque pensée ne peut exister sans être associée à un état, et chaque pensée crée un état.**

Exemple : imaginez que monsieur Martin est en train de faire la queue devant un guichet depuis dix minutes et que quelqu'un lui passe devant. Cette situation pourrait créer chez lui des pensées d'insatisfaction qui pourraient générer un agacement.
S'il ne dit rien, ses pensées ressembleront à : « Ce n'est pas juste, cela ne se fait pas, vraiment les gens ne sont pas gênés. » Ces pensées vont intensifier son émotion et réveiller la colère, qui ne supporte pas le manque de respect ou l'injustice.

Avec la Méthode Waw : et si, au lieu de se laisser submerger par cette émotion, monsieur Martin, pour maîtriser son état et rester concentré sur ce qu'il veut, utilisait la Méthode WMJ, il prendrait une inspiration par la bouche (discrètement), resterait en apnée en disant : « Je libère et je lâche toute la colère face à cette situation. » Puis il soufflerait et se dirait : « Waw, merci, j'adore garder mon sang-froid. » Une fois libéré de cette émotion, ses pensées pourront s'apaiser et ressembler à : « Peut-être que cette personne ne m'a pas vu, peut-être qu'elle ne se sent pas bien ou qu'elle a une carte handicapé. » Avec ces pensées plus aidantes, monsieur Martin peut agir dans un état plus calme et se diriger s'il le souhaite vers la personne pour lui dire : « Bonjour, excusez-moi, peut-être que vous ne m'avez pas vu, mais j'étais là avant vous. » Avec un sourire, dans la majorité des cas, la personne confuse s'excusera et lui laissera sa place.

Dans tous les cas, monsieur Martin aura exprimé ce qu'il avait à exprimer, et le fait de l'avoir dit lui apportera un sentiment de fierté et de satisfaction personnelle.

« Moi, je suis tranquille, je n'ai pas d'émotions »

Pour certaines personnes, l'émotion est ressentie ou non, de manière consciente ou inconsciente, tout dépend de la relation qu'elles ont avec leurs émotions. J'ai même eu affaire à des clients qui me disaient : « Moi je suis tranquille, je n'ai pas d'émotions. » Je souriais alors en leur disant : « Oui, tu as réussi à couper le circuit pour ne plus y être connecté, mais elles sont tout de même présentes, sinon tu serais un robot. » Car rappelons-nous que le propre de l'être humain est qu'il est un être émotionnel.
Nous ne pouvons pas ne pas avoir d'émotions. Ne pas les ressentir, c'est une autre histoire. Je rappelle que nous ne sommes pas nos émotions, nous avons des émotions. C'est comme pour les comportements.

Beaucoup de personnes ont créé comme stratégie de survie une déconnexion de leurs émotions, pour se protéger d'un environnement qui a été trop douloureux à un instant T. Pour ne plus ressentir ce mal-être, elles se sont coupées de leur ressenti. J'en ai fait l'expérience à une période de ma vie où j'ai inconsciemment préféré ne plus ressentir d'émotions, de peur de souffrir.

La Méthode WMJ, un allié puissant pour aligner l'âme, le corps et l'esprit

Vous l'avez compris, en faisant des libérations, cela vous permet d'**aligner votre état actuel avec l'état désiré**. Vous avez maintenant un outil d'alignement puissant entre le corps, l'esprit et l'âme.

Exemple : vous voulez une nouvelle voiture. Votre **objectif** est d'obtenir cette nouvelle voiture. Or, il se peut que vous soyez actuellement dans un état de doute, que vous ayez des pensées qui ne vous permettent pas d'atteindre votre objectif comme : « Je ne sais pas comment l'obtenir », « Je n'ai pas l'argent nécessaire », « Ce n'est pas le moment », « Ce n'est pas urgent »… Vous libérez ces pensées et commencez à faire des déclarations avec « Waw, merci, j'adore ma nouvelle voiture parce que… » et vous complétez. Votre motivation va tout de suite augmenter.

Imaginez une station de radio qui diffuse certains programmes à une certaine fréquence, vous réglez votre radio à la fréquence désirée pour entendre la musique.
Imaginez maintenant que votre objectif désiré se trouve à la fréquence (ou vibration) de *102.3 et que vous,* vous soyez actuellement sur une fréquence de *101.1,* vous devez ajuster votre fréquence en vous alignant à la nouvelle qui est à *102.3 pour que votre objectif se réalise.*

Waw, merci, j'adore !

La méthode va vous permettre d'atteindre le niveau *102.3* en vous aidant à ressentir la satisfaction de l'avoir, et ainsi vous vibrerez ce que vous souhaitez et la manifestation dans la matière pourra être imminente. Une fois aligné avec l'objectif, vous pouvez tomber le lendemain sur une super annonce avec une promotion sur la voiture désirée, ou un proche vous offre son ancienne voiture que vous adorez, ou alors on vous propose un véhicule de fonction. Il y a des milliards de possibilités. Ce qui compte, c'est de rester dans cette joie anticipée de l'avoir, avec la certitude que vous l'aurez bientôt. Pour résumer la méthode Waw, merci, j'adore ! vous permet :

- D'aligner vos pensées afin d'émettre les bonnes vibrations.
- D'augmenter et structurer votre pleine conscience.
- D'élever votre croyance à 10/10 quant à la réalisation de votre objectif.
- D'élever aussi votre Désir Ardent au niveau maximal 10/10.
- De visualiser plus clairement votre objectif.
- Et en définitive, de l'attirer à vous encore plus rapidement en le manifestant dans votre réalité.

Définir votre objectif en amont et donner des indications claires au cerveau

Imaginons que vous souhaitiez expérimenter la joie de passer une bonne soirée. Il est important de préciser votre intention avant même d'y aller, que votre objectif est de vous y sentir bien, sinon votre cerveau aura tendance à vous envoyer l'émotion se rapprochant le plus de la dernière expérience similaire. Si au moment d'y penser, vous souriez et êtes déjà dans la joie du moment, votre cerveau saura activer la ressource nécessaire pour que la joie soit présente en vous toute la soirée.

Mise en condition

Notre cerveau est une machine à programmer le futur, et si au moment de penser au futur, il n'a pas d'intention directe de votre part, il ira chercher dans les dossiers références du passé dans la mémoire interne.

Exemple : vous souhaitez partir à la montagne ce week-end, mais les dernières fois où vous y êtes allé, vous vous étiez disputé avec quelqu'un ou vous aviez ressenti du chagrin. Eh bien, si vous ne donnez pas d'intention **claire** à votre cerveau pour le week-end à venir, il prévoira de vous envoyer soit du chagrin soit de l'irritation, en accord avec la dernière expérience. C'est la raison pour laquelle la majorité des personnes ne comprennent pas pourquoi elles ne vont pas bien. Tout l'environnement autour d'elles les invite à être bien, le cadre est magnifique, et pourtant, elles ressentent cette émotion négative qui les maintient en mode Zombie, au vu des pensées inconscientes qu'elles ont à cet instant.

Lorsque nous ne lui donnons pas d'indications claires, notre inconscient a tendance à reprendre la dernière émotion, ressource rattachée à une expérience quasi similaire. C'est en cela que le pouvoir de l'intention est si important. Il y a d'ailleurs de grands ouvrages comme celui du docteur Wayne Dyer et du docteur Murphy.

Ce principe rejoint l'idée que si vous n'avez pas de projet, vous serez le figurant du projet de quelqu'un d'autre. Eh bien, si vous n'avez pas d'intention claire, vous serez soumis à vos états passés, influencés par le pouvoir de l'intention d'autrui ou de votre passé. Je vous rappelle que nous sommes des créateurs. Soit nous créons notre réalité de manière délibérée, en pensant à ce que nous voulons, soit nous créons par défaut, en référence à notre passé ou à ce que nous émettons inconsciemment à travers les vibrations de nos pensées inconscientes.

C'est la raison pour laquelle tous les matins en me réveillant, j'émets l'intention de passer une super belle journée. Je demande et ordonne à mon inconscient de me sentir en mode

Waw, merci, j'adore !

Waw, et il commence à me suggérer des actions et des raisons de me sentir en mode Waw tout au long de la journée.

Le simple fait d'émettre des intentions, de nous focaliser quotidiennement sur des choses qui nous font nous sentir bien ici et maintenant aide à se sentir encore mieux et peut changer positivement notre vie.

Reprenons sous un autre angle l'énoncé précédent. Nous comprenons que notre cerveau est une machine à **programmer le futur**. Il nous permet d'anticiper et il se base sur les émotions de notre présent qui, par définition, créent notre avenir. Alors, si notre état présent crée en permanence notre avenir, ne serait-il pas merveilleux de se sentir au top ici et maintenant et de continuer à se sentir encore mieux ?

Quelques compléments pour la pratique de La Méthode WMJ

- Identification de la pensée limitante ou de la croyance limitante ou de l'émotion limitante ou du comportement limitant (voir l'échelle des émotions.) Mesurez où vous en êtes sur une échelle de 1 à 10
  1. :(——————————————— 10 :)))))))
- Prenez une grande inspiration, restez en apnée.
- Tout en restant en apnée, répétez la phrase : « Je libère et je lâche toutes les résistances émotionnelles conscientes ou inconscientes liées à… »
- Expirez en soufflant doucement (vous pouvez visualiser une couleur).
- Renouvelez les trois dernières étapes deux fois supplémentaires selon votre ressenti.

Mise en condition

- Restructurez et créez une affirmation positive commençant par « Waw, merci, j'adore… ».

Exemple : Peur du regard des autres.

Vous prenez donc une **inspiration**, vous restez en **apnée** en vous répétant intérieurement : **« Je libère et je lâche toutes les résistances émotionnelles conscientes ou inconscientes liées à la peur du regard des autres. »** Et vous expirez. Vous répétez la formule trois fois.

Ensuite, vous prenez une **inspiration**, vous restez en **apnée** en vous répétant intérieurement la phrase : **« Waw, merci, j'adore me sentir libre et en paix face au regard des autres ».** Répétez cette affirmation trois fois.

La reprogrammation liée à cette pensée ne résoudra peut-être pas du premier coup le problème lié au regard des autres. Pour qu'il soit résolu de manière définitive, il est important d'aller libérer toutes les émotions négatives (des trois modes Zombie) liées aux expériences passées se rattachant au regard des autres.

Attention : vous pouvez également libérer votre joie, votre confiance, votre sérénité, votre appréciation, toutes les émotions en mode Waw, merci, j'adore ! face au regard des autres. Les émotions que l'on bloque ou auxquelles nous résistons peuvent être à la fois négatives et positives.

Pour libérer vos émotions en mode Zombie, la bonne nouvelle, c'est que vous n'avez pas à vous reconnecter à toutes ces expériences passées. Il vous suffit simplement de libérer les émotions négatives liées à ces dossiers. Vous y aurez alors accès en gardant le contrôle de vos émotions.

C'est comme si, dans votre cerveau, vous aviez un dossier nommé « regard des autres » et que chaque sous-dossier contenait un code couleur associé à des émotions négatives. Vous allez donner l'instruction à votre cerveau de libérer ces couleurs afin de les remplacer par des couleurs plus lumineuses appartenant au mode Waw.

Pour récapituler, il vous suffit d'identifier la pensée ou la croyance limitante et d'aller ensuite libérer les émotions du mode Zombie pour les remplacer par les émotions du mode Waw.

7 SEMAINES POUR VOUS LIBÉRER DE VOS BLOCAGES

Waw, merci, j'adore !

7 domaines de vie à traiter pendant 7 semaines :

1. Le développement personnel & spiritualité
2. La santé
3. Les relations
4. La romance
5. L'argent
6. Le travail, contribution, passion
7. Les loisirs

Je vous propose de faire ce travail sur sept semaines et de consacrer chaque semaine à un thème. Vous pourrez bien évidemment les faire dans l'ordre que vous souhaitez, selon vos besoins, mais si vous commencez la démarche de libération, je vous invite grandement à suivre ce chemin très aidant et conçu dans un ordre précis pour optimiser votre évolution. Chaque partie d'exercice est constituée de la manière suivante :

1. Présentation générale du thème : **prise de conscience** avec des exemples de blocages, de résistances et d'incomplétudes.
2. Pratique de la Méthode Waw, merci, j'adore ! Libération et structuration avec des déclarations conscientes.
3. Une Visualisation créatrice **+ bonus audio**
4. Des actions à mettre en place dans les quarante-huit heures.

Quelques recommandations avant de commencer.

Pour chaque thème, je vous ai préparé une présentation générale, et ensuite, j'ai répertorié un ensemble d'incomplétudes pour vous aider à en identifier un certain nombre et à les libérer. Sachant que ce n'est qu'un échantillon, je vous invite à poursuivre la découverte en allant sur mon site *leilab.fr*.

Pour aller plus loin dans vos libérations, vous avez la possibilité de transformer la structure de la phrase que vous libérez sous plusieurs formes différentes.

Exemple : Je libère et je lâche…
(Moi) La peur de souffrir.
(Moi-même) La peur de me faire souffrir.
(Toi) La peur que tu me fasses souffrir.
La peur de faire souffrir.

Comment savoir si vous êtes concernés par un de ces blocages ? Soyez très attentif lors de votre lecture, vous allez ressentir soit une attraction forte, soit un rejet total. Certaines personnes ressentent comme une révélation, une sorte d'évidence, comme si enfin elles comprenaient une énigme qui était sous leurs yeux depuis des mois. Vous pourrez peut-être entendre : « Ah non, moi, j'ai pas du tout peur de ça. » C'est un indicateur de rejet. N'avez-vous pas eu au moins une fois dans votre vie cette peur consciemment et inconsciemment ?

Attention également à la partie de vous qui va dire : « Mais ça, je le sais, oui, je le sais déjà. » C'est l'occasion d'aller plus profondément. Longtemps, je me disais « je sais », mais je ne faisais pas. Alors quand une information que je sais déjà revient à ma conscience, je sais que je ne sais pas et cela me permet d'aller ouvrir une autre porte en moi pour d'accéder à la révélation, à l'émotion à libérer. Quand on dit « je sais », c'est souvent une astuce pour ne pas ressentir, ainsi on reste dans la tête et on ne descend pas dans le corps.

Décidez d'être honnête avec vous et de découvrir vos facettes cachées, cela vous fera gagner beaucoup de temps, voire des

Waw, merci, j'adore !

années de liberté. Une autre manière de tester, si cela vous impacte, est de mesurer le niveau d'inconfort en vous. Dans des vidéos sur Internet, je vous explique également le test kinesthésique qui permet d'évaluer l'impact des mots sur notre corps.

Test kinesthésique : d'une main, vous serrez votre pouce avec votre index, de sorte à former un ovale comme une amande, et avec le pouce et l'index de l'autre main, vous tentez d'ouvrir tout en pensant ou en prononçant à haute voix la pensée concernée. Si cela s'ouvre, c'est que cette pensée affaiblit votre système physique et donc la vibration que vous émettez. C'est un indicateur d'impuissance à guérir, ou de mots à changer.

Dans ces sept domaines de vie, il sera très souvent question des peurs les plus structurelles chez l'être humain, celles qui sont répertoriées par un autre de mes mentors, Napoléon Hill, dans ses ouvrages vendus à des millions d'exemplaires, *Réfléchissez et devenez riche* et *Plus malin que le diable*. Ces six peurs structurelles sont les suivantes :

- La peur de la pauvreté.
- La peur de la mort.
- La peur de la critique.
- La peur de perdre l'amour de l'autre/peur du rejet.
- La peur de la maladie.
- La peur de la vieillesse.

(Vous remarquez que les plus grosses campagnes marketing qui ont du succès jouent sur ces six tableaux.)

SEMAINE 1

Le développement personnel

—1—

Prise de conscience

C'est tout ce qui est lié à votre être, à vous directement. C'est travailler sur la connaissance de soi, la perception que l'on a de soi-même, observer sa manière de parler, sa façon de se mouvoir dans le monde. C'est une profonde découverte et exploration de soi-même, de ses forces, de ses faiblesses et surtout de toutes ses potentialités. Il s'agit principalement d'améliorer la communication avec soi-même pour mieux communiquer avec les autres.

L'un des piliers du développement personnel est l'estime de soi. C'est la pièce centrale du jeu, étant donné que tout part de nous est que nous sommes créateurs de notre vie. Plus nous sommes connectés à nous-mêmes en mode Waw, plus nous sommes en mesure d'activer notre pouvoir de création et d'agir sur notre réalité.

Quels sont les problèmes les plus récurrents dans l'estime de soi ? Je vais aller droit au but : tout n'est qu'une question d'amour, d'amour de soi. Comment fait-on pour s'aimer ou pas ? Cette compétence à savoir s'estimer et s'aimer est, dans la grande majorité des cas, liée à la relation que l'on a entretenue avec nos parents dans l'enfance et les conclusions que l'on a tirées à ce moment au sujet de l'amour.

À chaque fois que vous chercherez la cause de votre manque d'amour, de confiance, de mal-être, vous retrouverez souvent les deux mêmes personnages, qu'ils soient vivants ou morts – pour le cerveau, cela ne fait aucune différence. La source de l'amour que l'on a pour nous s'est façonnée avec la

Waw, merci, j'adore !

relation affective de la mère et du père. Et qu'en est-il pour les orphelins ? Leur source affective sera construite autour des personnes qui ont fait figure de référents parentaux : une sœur, un frère, une tante, un professeur, un éducateur... Il s'agit des personnes les plus proches dans l'environnement de l'enfant.

Nous sommes tous constitués de la moitié du sang de notre père et de la moitié du sang de notre mère. Nous sommes constitués de leurs cellules et transportons avec nous le patrimoine génétique de ces deux êtres, nos co-créateurs. Comment voulez-vous être en paix avec vous-même si vous êtes en disharmonie ou en colère contre votre père ? Comment trouver la paix en vous quand vous ressentez de la tristesse et de la rancœur vis-à-vis de votre mère ?

Quand vous ressentez ces émotions du mode Zombie envers l'un deux, ces vibrations émotionnelles résonnent dans tout votre être. Autant dire que l'un des premiers exercices que je vous invite à faire est une libération des trois modes Zombie avec votre père et votre mère et également de libérer tout le mode Waw, afin de laisser plus de place à cette vibration dans votre relation aux parents.
Faites la liste de vos traumas avec vos parents et libérez-les dans la semaine. Après chaque série de libération de ces résistances émotionnelles stockées dans votre corps physique, pensez bien à faire des remplissages avec des affirmations en commençant par « Waw, merci, j'adore ».

J'ai découvert un jour cette *histoire* qui a changé puissamment et positivement ma manière de voir mes parents.

Dans le livre *La Prophétie des Andes* de James Redfield, l'un des personnages raconte qu'avant de venir sur Terre, nous

SEMAINE 1 : Le développement personnel

choisissons nos parents, en fonction de la mission que nous sommes venus accomplir sur cette planète. À la naissance, nous n'avons plus accès en conscience à notre intention divine, mais nous pouvons retrouver notre but en regardant et observant nos parents.

En ce qui me concerne, j'ai tout de suite regardé ma mère et me suis dit : « C'est impossible, je ne l'ai pas choisie, elle est trop dure. » (C'était avant la méthode WMJ, bien sûr.) Et soudain, je me suis rendu compte que son parcours m'avait aidée à prendre le bon chemin, en ne voulant pas faire les mêmes erreurs, le fait qu'elle ne soit jamais allée à l'école, qu'elle sacrifie sa vie aux autres en se faisant toujours passer en dernier, etc. C'est une mère formidable et son chemin est parfait pour elle, mais en l'observant, j'ai décidé d'apprendre toute ma vie, de faire plein d'études, de parcourir le monde et de vivre mes rêves. Pendant des années, je ne voulais surtout pas être comme elle, dépendante de son mari et ayant pour seule préoccupation le bien-être de ses enfants et de sa famille. Je n'avais pas la sagesse d'aujourd'hui ni la conscience du cadeau extrême qu'elle nous a fait.

Avec le travail sur ma conscience, j'ai compris ses forces et j'ai fait miennes celles que je préfère chez elle, comme par exemple cet amour inconditionnel qu'elle a pour les autres et sa capacité à pardonner à tout le monde.

Pour mon père, c'est pareil. J'ai regardé ce que j'aimais le moins et ce que j'aimais le plus. J'ai pris le meilleur, sa curiosité, sa générosité, sa joie de vivre, et j'ai rejeté complètement sa peur de l'insécurité, du manque et de la pauvreté. Sachant que le rejet n'est pas une solution, j'ai dû à un moment donné accepter que j'avais ces peurs, pour les libérer et les reprogrammer avec une grande conscience d'abondance et de confiance en moi et la vie.

Waw, merci, j'adore !

Alors, qu'est-ce que vous en pensez ? Cela ne donne-t-il pas plus de pouvoir de croire que l'on a choisi ses parents ? Imaginez-le une seconde. Ça change la donne, non ?
Je sais, ce n'est pas facile au début, mais vous ferez la puissance de compréhension que cela va vous apporter et tellement de liberté. Je vous invite à jouer le jeu, à faire l'expérience de cette idée et de voir les portes que cela ouvre en vous. Si cela ne vous convient pas, vous pourrez toujours revenir à vos anciennes croyances.

J'adore l'effet que cela a sur mon fils, Kenzo. Un jour, en nous promenant dans un parc sous le pont d'Aquitaine à Bordeaux, je lui ai dit : « Tu as vu comme le monde et la nature sont beaux ? Et toi, qu'est-ce qui fait que tu es venu sur Terre ? » Il a répondu du haut de ses quatre ans : « J'avais très envie de te rencontrer. » C'est beau, la puissance et le pouvoir que cela lui donne. Même si je ne suis pas toujours une maman parfaite (quoique j'adore dire que je suis parfaitement imparfaite ou parfaite dans mon accroissement). Dans tous les cas, cela m'aide beaucoup de me dire que mon enfant m'a choisie et ça le rend tellement plus fort et plus puissant dans ses choix.

Autres types de blocage dans l'estime de soi

Les problèmes que l'on peut retrouver le plus souvent sont associés à un sentiment de vide intérieur. Comme si les personnes ne se sentaient pas complètes, n'étaient pas assez ceci ou cela, trop comme ci ou trop comme ça.

La satisfaction et l'appréciation de soi sont continuellement remises en question par des pensées limitantes. Cela peut faire écho à une forme d'éducation ou un manque d'appréciation dans l'enfance.

SEMAINE 1 : Le développement personnel

Les causes du manque d'estime de soi peuvent être liées à des blessures qui ont créé beaucoup d'émotions du mode zombie dans les cellules :

- Des paroles blessantes
- Une éducation trop protectrice
- Une éducation trop permissive
- Un abus physique
- Une scolarité difficile
- Le sentiment de ne pas être aimé
- La critique constante
- La créativité bridée
- Une blessure de rejet de la part du parent du même sexe
- Une blessure d'abandon avec le parent du sexe opposé
- Une blessure d'humiliation
- Une blessure d'injustice avec le parent du même sexe
- Une blessure trahison avec le parent du sexe opposé

La liste est non-exhaustive. Dans tous les cas, il s'agit souvent d'un manque d'amour et d'appréciation de soi que nous attendions dans l'enfance. La bonne nouvelle, c'est qu'aujourd'hui, vous pouvez vous libérer de ces rancœurs, ces émotions du mode Zombie, et décider de vous donner tout l'amour dont vous avez besoin.

Quel intérêt à faire cela ? Eh bien, si vous aimez davantage, votre vibration sera plus positive et tout ce que vous attirerez dans votre vie fera écho à cela. Si vous continuez à entretenir des pensées du style « je ne suis pas assez belle, je ne suis pas compétente, je ne peux pas, je ne mérite pas », vous continuerez à créer des situations en accord avec ces pensées.

Alors, êtes-vous prête à créer une nouvelle réalité en accord avec les aspects les plus positifs de vous ?

Waw, merci, j'adore !

En plus, vous ferez beaucoup de bien aux gens qui vous entourent, vous ne serez plus en train de quémander un compliment ou la reconnaissance de ce que vous avez accompli. Vous serez en mesure de remplir votre coupe vous-même. C'est ça la liberté, savoir se donner assez d'amour pour remplir sa coupe et ainsi pouvoir trinquer, et même pouvoir donner à boire à d'autres personnes en déversant votre bonheur.

Plus je m'aime et plus je peux aimer. Je ne peux pas recevoir de l'amour si je suis incapable de m'en donner à moi-même. Je ne peux pas donner de l'amour si je ne m'aime pas. Comment donner ce que l'on n'a pas ?

— 2 —

Pratique de la méthode Waw, merci, j'adore !

Rappel : Pour aller plus loin dans vos libérations, je vous invite à transformer la structure de la phrase que vous libérez dans toutes les dimensions.

Exemple : Je libère et je lâche…
(Neutre) La colère de mon père.
(Moi-même) La peur de ma colère envers mon père.
(Toi) La colère de mon père envers moi.

Libération de résistance émotionnelle avec le père

(Rappel : inspiration par la bouche, en restant en apnée, vous dites la phrase intérieurement et vous soufflez pour libérer.)

Je libère et je lâche toute la colère avec mon père.
Je libère et je lâche toute la haine avec mon père.
Je libère et je lâche toute l'insécurité avec mon père.
Je libère et je lâche toute la culpabilité avec mon père.
Je libère et je lâche toute la tristesse avec mon père.
Je libère et je lâche tout le désespoir avec mon père.
Je libère et je lâche toute la rage avec mon père.
Je libère et je lâche toute la déception avec mon père.
Je libère et je lâche toute la peur de mon père.
Je libère et je lâche tout le sentiment de dépression avec mon père.
Je libère et je lâche toute la frustration avec mon père.
Je libère et je lâche tout le découragement avec mon père.
Je libère et je lâche toutes les résistances émotionnelles à l'amour de mon père.

Waw, merci, j'adore !

Je libère et je lâche toutes les résistances émotionnelles liées à « Papa, je t'aime ».

Continuez de faire des libérations avec les modes Waw, merci, j'adore ! et Zombie si d'autres émotions demandent à sortir ou si vous ressentez une émotion plus forte arriver. C'est très bien. Comme dans un mille-feuille, parfois, il y a plusieurs couches. Soyez confiants, vous pouvez vous sortir de cette émotion, faites seulement le processus, plusieurs fois s'il le faut. Vous consentez à vous libérer de ce dont vous n'avez plus besoin, vous ne resterez pas coincés dans le pot de confiture. Inspirez par la bouche, donnez l'intention et soufflez.

Faites exactement la même chose avec votre mère.

Je libère et je lâche toute la colère avec ma mère.
Je libère et je lâche toute la haine avec ma mère.
Je libère et je lâche toutes les blessures avec ma mère.
Je libère et je lâche toute la culpabilité avec ma mère.
Je libère et je lâche toute la tristesse avec ma mère.
Je libère et je lâche tout le désespoir avec ma mère.
Je libère et je lâche toute la rage avec ma mère.
Je libère et je lâche toute la déception avec ma mère.
Je libère et je lâche toute la peur de ma mère.
Je libère et je lâche tout le sentiment de dépression avec ma mère.
Je libère et je lâche toute la frustration avec ma mère.
Je libère et je lâche tout le découragement avec ma mère.
Je libère et je lâche toutes les résistances émotionnelles à l'amour de ma mère.
Je libère et je lâche toutes les résistances émotionnelles liées à « Maman je t'aime ».
Je libère et je lâche toute l'impuissance à aider ma mère.

SEMAINE 1 : Le développement personnel

Je libère et je lâche toute l'impuissance face à l'impuissance de ma mère.
Je libère et je lâche toute la croyance « elle ne m'aime pas ».
Je libère et je lâche toute la croyance « elle m'en veut. »
Je libère et je lâche toute la croyance « je ne suis pas assez pour elle ».

Il est possible qu'après ces libérations, de vieux souvenirs reviennent à la surface. Accueillez-les avec amour, ils reviennent à votre conscience pour être accueillis, reconnus et libérés.

Je libère toutes les résistances émotionnelles avec « je m'aime ».
Je libère toutes les résistances émotionnelles avec « je m'accepte tel que je suis ».
Je libère toute la frustration avec « je ne suis pas assez ».
Je libère toute la déception avec « je ne suis pas assez ».
Je libère tous les doutes avec « je ne suis pas assez ».
Je libère tous les blâmes avec « je ne suis pas assez ».
Je libère tout le découragement avec « je ne suis pas assez ».
Je libère toute la colère avec « je ne suis pas assez ».
Je libère tous les blâmes avec « je ne suis pas assez ».
Je libère tous les sentiments de vengeance avec « je ne suis pas assez ».
Je libère toute la rage avec « je ne suis pas assez ».
Je libère toute la haine avec « je ne suis pas assez ».
Je libère toute la jalousie avec « je ne suis pas assez ».
Je libère toute la culpabilité avec « je ne suis pas assez ».
Je libère toute la tristesse avec « je ne suis pas assez ».
Je libère toutes les peurs avec « je ne suis pas assez ».
Je libère tout le sentiment de dépression avec « je ne suis pas assez ».

Waw, merci, j'adore !

Je libère toute la honte avec « je ne suis pas assez ».
Je libère toute la honte avec « je m'aime ».
Je libère toute la peur d'être aimé.
Je libère toute la peur d'aimer.
Je libère toutes les résistances entre amour et puissance.
Je libère toutes les résistances entre amour et liberté.
Je libère toutes les résistances entre amour et contrôle.
Je libère toutes les résistances entre amour et carrière.
Je libère toutes les résistances entre amour et argent.
Je libère toutes les résistances entre amour et faiblesse.
Je libère toutes les résistances à « je m'aime » et « je m'accepte ».
Je libère toutes les résistances à m'aimer davantage chaque jour.
Je libère toute la tristesse et la culpabilité avec la blessure de rejet.
Je libère toute la tristesse et la culpabilité avec la blessure de trahison.
Je libère toute la tristesse et la culpabilité avec la blessure d'abandon.
Je libère toute la tristesse et la culpabilité avec la blessure d'injustice.
Je libère toute la tristesse et la culpabilité avec la blessure d'humiliation.

Posez-vous la question : qu'est-ce qui m'empêche de m'aimer davantage ? Notez ce qui vous vient et libérez l'impact émotionnel de ces croyances.

Pour vous aider, vous pouvez également compléter ces phrases :
Je ne m'aime pas parce que…
Je m'aime, mais…
Si je m'aimais davantage, je…
Oui, mais si je m'aime, je…
M'aimer, mais c'est…

SEMAINE 1 : Le développement personnel

Déclarations conscientes « affirmations »

Bravo, vous pouvez maintenant créer de nouvelles connexions neuronales avec des « sankalpas », qui signifie en sanskrit *déclarations conscientes*. Ces affirmations sont comme la semence des graines, l'arrosage des nouvelles graines de croyances se fait par la répétition. Commencez chaque déclaration le plus souvent possible par « **Waw, merci, j'adore…** »

Waw, merci, j'adore me sentir de plus en plus en paix avec mon père.
Waw, merci, j'adore me sentir de plus en plus en paix avec moi.
Waw, merci, j'adore t'aimer, papa, et t'accepter tel que tu es.

Waw, merci, j'adore…
– Me sentir en confiance et en paix avec toi Papa.
– Prendre conscience que tu as fait du mieux que tu pouvais avec les moyens que tu avais.
– Me sentir en paix avec toi Papa.
– Ressentir l'amour de mon père.
– Me rendre compte que j'ai toujours été aimé.
– La relation harmonieuse que j'ai avec mon père.
– Me sentir en paix avec ma mère.
– Me sentir en paix avec moi.
– Ressentir tout l'amour que je porte à ma mère, et l'accepter telle qu'elle est.
– Me sentir en confiance avec toi Maman.
– Savoir que tu as fait du mieux que tu pouvais maman, avec les moyens que tu avais.
– Me sentir en paix avec toi Maman.
– Ressentir l'amour de ma mère et prendre conscience qu'elle m'a toujours aimé à sa façon.
– La relation harmonieuse que j'ai avec ma mère.

Waw, merci, j'adore !

Waw, merci, j'adore savoir que ce que je suis, suffit !

Waw, merci, j'adore…
- M'aimer et m'apprécier chaque jour davantage.
- Me sentir en paix avec moi.
- Savoir que je suis quelqu'un de bien.
- Plonger à l'intérieur de moi, car tout ce dont j'ai besoin s'y trouve.
- Avoir confiance en moi.
- M'accepter dans la totalité de ma personnalité.
- Me pardonner et décider de m'aimer chaque jour un peu plus.
- Me faire de plus en plus confiance.
- Prendre soin de mes besoins avec espoir.
- Me sentir confiant en toutes circonstances.
- Être unique et avoir conscience de ma grande valeur.
- M'aimer tel que je suis.
- M'accepter avec mes forces et mes faiblesses.
- Exprimer mes besoins avec bienveillance.
- Être heureux et en bonne santé tous les jours.
- Me sentir chaque jour, à tous points de vue, de plus en plus heureux.
- Avoir le droit d'être heureux.
- Être responsable et contrôler ma vie.
- Avoir le pouvoir de changer ma vie.
- Faire du mieux que je peux.
- Avoir en moi toutes les ressources dont j'ai besoin pour y arriver.
- Être de plus en plus serein.
- Multiplier ma valeur par cent.
- Persévérer jusqu'à réussir.
- Désirer vraiment quelque chose et pouvoir l'obtenir.
- M'aimer et mériter le meilleur, la prospérité et le bonheur.

— 3 —

Visualisation créatrice

Vous pouvez lire ou bien écouter tout de suite votre visualisation en flashant le QR code (positionnez votre appareil photo devant).

Installez-vous confortablement. Faites-en sorte de ne pas être dérangé pendant quelques minutes. Fermez les yeux et portez votre attention sur votre respiration. Prenez une grande inspiration par la bouche, restez en apnée et répétez intérieurement : « Je libère et je lâche toutes les tensions dans mon corps. » Très bien, recommencez encore deux fois. Maintenant, inspirez, retenez l'air et répétez intérieurement : « Waw, merci, j'adore prendre un temps pour moi et me recentrer pour me sentir encore mieux. » Encore une fois. C'est très bien. Observez comment l'air entre et sort à travers vous, ce souffle que vous inspirez et expirez. Observez le chemin par lequel il entre dans votre corps, jusqu'où il va, par où il passe, est-ce qu'il circule librement. Autorisez-le à circuler davantage.

Alors, tranquillement, pendant que vous continuez à observer votre respiration, vous imaginez que vous allez prendre une douche de lumière. Vous pouvez voir au-dessus de votre tête,

Waw, merci, j'adore !

à environ cinq centimètres, une magnifique bulle de lumière argentée, elle pétille et brille comme une étoile, elle est pleine de pur amour divin. Elle est magique et elle déverse sur vous une pluie de lumière scintillante pure et lumineuse qui va vous guérir et vous purifier de l'intérieur. C'est un peu comme la sensation de prendre un bon bain à la température parfaite pour vous après beaucoup d'efforts.

Cette lumière scintillante se déverse en vous par le sommet de la tête, prenez un instant pour la ressentir, cette pluie argentée et brillante vous traverse et pénètre à l'intérieur de vous, vous ressentez peut-être cette douce sensation, comme de l'eau chaude à température parfaite pour vous. Comme vous inspirez profondément, vous continuez à visualiser cette lumière qui pénètre dans toute votre tête, passant par le crâne, le front, les joues et la mâchoire qui se relâchent, puis le cou qui se détend et vous pouvez faire l'expérience de sensations agréables de détente. Cette lumière coule et tourne en même temps sur elle-même comme un mini vortex nettoyant et harmonisant. Tout est ramené à la norme d'amour pur sur son passage.

Observez : le passage de la lumière vous permet de remarquer comment les muscles de votre corps se détendent de plus en plus. Un peu comme un ballon qui se dégonfle et laisse sortir toute la pression. Ce ballon se vide de l'ancien air pour mieux se remplir d'un air lumineux. Vous continuez de visualiser cette lumière argentée magique qui remplit maintenant votre cou, votre poitrine, vos épaules se détendent, vos bras se ramollissent doucement et tout votre ventre baigne dans cette lumière. Peut-être que vous pouvez ressentir cette chaleur, un peu comme quand le soleil réchauffe votre peau, tout en continuant de respirer profondément et encore plus profondément.

SEMAINE 1 : Le développement personnel

Vous appréciez de plus en plus cette douche de lumière intérieure. Voyez-vous les mouvements de cette lumière argentée dans votre bas-ventre, dans vos cuisses, vos genoux, vos mollets et enfin dans vos pieds ?
Ressentez alors cette détente dans tout votre corps. Maintenant, vous pouvez vous imaginer souriant et heureux dans le contexte de votre choix. Ça peut être un lieu que vous aimez, il peut y avoir des personnes que vous appréciez beaucoup. Observez-vous sous un nouvel angle. La vue de ce sourire sur votre visage, l'aisance de votre corps avec les personnes autour de vous, l'image que vous percevez de vous est plaisante.

Vous entendez des mots agréables et vous vous surprenez à reconnaître vos qualités avec fierté et humilité. Vous vous trouvez beau ou belle, vous vous percevez comme une personne plaisante. Cela vous donne envie d'aller vers vous-même. Alors, vous imaginez que vous être votre meilleure amie et vous vous complimentez. « Tu sais, ce que j'aime chez toi, c'est... » complétez la phrase. « J'adore ça aussi chez toi... » complétez. « Tu me plais beaucoup quand tu dis... Et quand tu fais... » Pensez aux choses dont vous êtes fier. « Tu es vraiment quelqu'un de... » sympathique, agréable, bien.
Ces paroles que vous vous dites contribuent à augmenter votre confiance en vous et une image de vous de plus en plus positive.
Vous savez maintenant que plus vous aurez des mots positifs envers vous-même et plus votre cerveau vous soutiendra dans ce sens.
Chaque mot que vous avez à votre sujet crée des représentations dans votre cerveau. Vous comprenez vraiment l'importance de nourrir une bonne estime de vous-même. Pensez à toutes vos qualités, assumez-les, c'est ce qui vous rend aussi si intéressant et rayonnant.

Waw, merci, j'adore !

Ressentez comme c'est agréable de reconnaître vos qualités et respirez dans ces mots, autorisez-les à vous traverser comme les nuages passent dans le ciel. Vous pouvez remarquer maintenant la lumière argentée à l'intérieur puis à l'extérieur de votre corps qui vous entoure chaleureusement et progressivement ; en gardant cette couleur en tête, vous allez revenir à votre respiration. Avec ce doux sentiment de détente et de plénitude qui s'est installé en vous, vous sentez votre corps au contact de la surface sur laquelle vous êtes installé et vous ouvrez les yeux, doucement, à votre rythme.

Je vous invite à refaire régulièrement cette visualisation pour ancrer ce travail.

— 4 —

Quelles petites actions pourriez-vous faire dans les quarante-huit heures ?

Suggestions :

- Écrire sur votre miroir avec un feutre ou un rouge à lèvres : « Ce que je suis suffit. »
- Commencer un cahier du soir « gratitude et réussite », et y noter tous les soirs, avant de vous endormir, trois raisons de dire merci et trois réussites que vous avez accomplies dans la journée.

_____
_____
_____
_____
_____
_____
_____
_____
_____

SEMAINE 2

LA SANTÉ, LE CORPS

—1—

Prise de conscience

Nous sommes dans une société en Occident où le corps a longtemps été perçu comme un outil au service de nos déplacements, auquel nous ne portions attention qu'en cas de mal-être, de maladie, de dysfonctionnement. La relation que l'on a avec notre corps est intimement liée à celle que l'on a avec nous-mêmes.

Durant toute mon enfance et adolescence, j'étais fan de mon corps, impressionnée par tout ce qu'il m'était possible d'accomplir grâce à lui. Puis, un jour, ma perception a changé, après l'histoire intime que je vous ai racontée au début. Il y a eu comme une rupture en moi, une séparation. Mon corps était devenu comme un véhicule me permettant d'aller d'un point A à un point B et de réaliser ce que je voulais. J'avais travaillé sur mon esprit, cultivant de nouvelles pensées au quotidien, j'honorais mon cœur en écoutant davantage mes désirs et mes rêves d'enfant ; cependant, mon corps était toujours un peu de côté.
J'avais peur de me connecter à lui, peur de ressentir des émotions que je ne pourrais pas contrôler, de me laisser submerger par la tristesse et ne pas pouvoir en sortir. Jusqu'au jour où j'ai décidé de m'aligner complètement avec mon corps, développant chaque jour un respect et un amour de plus en plus puissant.

Waw, merci, j'adore !

Notre corps est l'ami le plus fidèle qui soit. Il est toujours là, quoi qu'on lui fasse subir. Malgré tous les mauvais traitements conscients ou inconscients qu'il reçoit, il fait toujours du mieux qu'il peut pour se soigner et survivre, nous offrant le meilleur pour que demain, nous puissions nous sortir du lit tous les matins.

Vous avez bien compris maintenant que notre corps est lié à nos pensées. Il est le gardien de nos émotions, le temple de notre cœur, comme un instrument de musique dont les notes seraient nos pensées, et notre conscience, le musicien.
Je vois beaucoup de musiciens qui jouent faux, dont les instruments ne sont pas accordés, parce qu'ils ne savent pas bien lire leurs notes ou qu'ils se sont tout simplement laissé éloigner de leur musique unique.
Imaginez que votre corps est un instrument. La première étape va consister à comprendre comment il fonctionne.

Le corps dit toujours la vérité. La première étape consiste à l'aimer et à l'accepter tel qu'il est. Il est impossible de jouer d'un instrument si dès le départ, vous n'acceptez pas de le prendre en main. C'est comme une terre d'argile. Avant de la façonner pour lui donner la forme que vous souhaitez, il est important de la saisir avec appréciation pour l'imaginer et la manipuler à votre façon. Le potier aime sa terre et ne fait qu'un avec elle, jusqu'à nous révéler un merveilleux vase en terre cuite avec une aisance poétique.

« Prenez soin de votre corps pour que votre âme ait envie d'y rester. »

Proverbe indien

SEMAINE 2 : La santé, le corps

La première étape consiste à libérer tous les griefs, les rancœurs que vous avez pu avoir envers votre corps. Beaucoup d'entre nous s'en prennent à eux-mêmes face à un sentiment d'impuissance déclenché par des interprétations de situations extérieures. Nous avons tendance à bloquer notre respiration, nous contracter, empêcher nos organes de recevoir le taux d'oxygène qui fait circuler l'énergie nécessaire à leur bon fonctionnement. Toutes les émotions du mode Zombie contractent le corps et empêchent l'énergie de circuler. D'où l'importance de se sentir le plus souvent possible en mode Waw, merci, j'adore !

Ne connaissant pas les mécanismes des émotions, la plupart des gens s'en veulent de ressentir autant d'émotions en mode Zombie et, pour stopper le phénomène, ont recours à différentes stratégies de déconnexion. En voici quelques-unes :

- La nourriture en excès.
- Le grignotage.
- L'alcool.
- La sexualité en excès.
- La drogue.
- Les médicaments.
- L'addiction au travail.
- Le sport en excès.
- Le refus de manger et bien d'autres comportements gênants liés à un excès de stress, comme se ronger les ongles, se gratter intensément, etc.

Nous sommes d'accord, ce sont les excès qui posent problème. Il est important de rappeler que derrière chaque comportement gênant, il existe une intention positive. Dans la majorité des cas, elle veut vous aider à vous sentir mieux. Bonne nouvelle : maintenant, vous pouvez utiliser la méthode Waw, merci, j'adore ! et agir de manière plus aidante.

Waw, merci, j'adore !

Mes clients, sans forcément y prêter attention, perdent du poids pour retrouver leur poids idéal. Dernièrement, l'une de mes clientes est arrivée et m'a dit : « Leïla, c'est incroyable, j'ai perdu dix kilos en un mois, quasiment sans m'en rendre compte. » Je lui ai répondu : « Ma chérie, c'est normal, tu as libéré ton corps des grosses émotions du mode Zombie qui l'étouffaient et empêchaient l'énergie de circuler en toi. »
Dans son cas, le poids était comme une carapace face à son environnement, une barrière entre le monde et elle. Maintenant qu'elle a repris pleinement son pouvoir de création, qu'elle s'est libérée de ses peurs, rancœurs, culpabilités, colères et sentiment d'insécurité, elle n'a plus besoin de ce poids qui avait pour intention positive de la protéger du monde extérieur. Son corps reprend progressivement la forme qu'elle souhaite, au rythme parfait pour elle, dans la grâce et l'aisance, la paix, l'amour et la lumière.

Voici le processus pour rétablir l'harmonie avec son corps :

Étape 1 : Poser l'intention d'accepter son corps et de l'aimer.
Étape 2 : Poser l'intention de le remercier pour sa loyauté et son amour inconditionnel.
Étape 3 : Poser l'intention de créer une nouvelle relation de confiance en étant à son écoute, car il possède votre système de guidance centrale, à savoir vos émotions.
Étape 4 : Poser l'intention de le remercier et en prendre soin du mieux que vous le pouvez ; il vous le rendra tellement bien.

« Garder son corps en bonne santé est un devoir. Sinon, nous ne serons pas en mesure de garder notre esprit fort et clair. »

Bouddha

— 2 —

Pratique de la méthode Waw, merci, j'adore !

Rappel : pour aller plus loin dans vos libérations, je vous invite à transformer la structure de la phrase que vous libérez afin qu'elle s'intègre à toutes les dimensions de votre être avec les déclencheurs internes et externes de ces émotions.

Exemple : Je libère et je lâche…
(Neutre) La honte avec mon corps.
(Interne) J'ai honte de mon corps.
(Externe) La honte de mon corps face au regard de l'autre.

Utilisez bien votre tableau Waw, merci, j'adore !, échelle des émotions, et libérez les émotions du mode Zombie ou celles bloquées du mode Waw, merci, j'adore !

Je libère et je lâche tous les blocages émotionnels avec… (À dire en début de chaque phrase en apnée et souffler.)

- Les résistances émotionnelles avec mon corps.
- Les résistances émotionnelles avec « j'accepte et j'aime mon corps tel qu'il est ».
- La frustration avec mon corps.
- La déception avec mon corps.
- Les doutes avec mon corps.
- Les blâmes avec mon corps.
- Le découragement avec mon corps.
- La colère avec mon corps.
- La colère de souffrir à cause de mon corps.
- Les sentiments de vengeance avec mon corps.
- La rage avec mon corps.

Waw, merci, j'adore !

- La haine avec mon corps.
- La jalousie avec mon corps.
- La culpabilité avec mon corps.
- La tristesse avec mon corps.
- Les peurs avec mon corps.
- Le sentiment de dépression avec mon corps.
- La honte avec mon corps.
- Les résistances émotionnelles avec « je suis fatiguée ».
- La peur de la maladie.
- La peur de mourir.
- Les résistances entre santé et nourriture.
- Les résistances entre santé et maladie.
- Les résistances liées à la maladie.
- Les résistances aux douleurs.
- Les résistances liées à « j'ai confiance en mon corps ».
- Les résistances avec « je suis à l'écoute de mon corps ».
- La culpabilité de rejet de mon corps.
- La blessure de trahison avec mon corps.
- La blessure d'humiliation de mon corps.
- La blessure d'injustice avec mon corps.
- La blessure d'abandon de mon corps.
- Les résistances avec « je m'aime et je m'accepte ».
- Les résistances avec « mon corps, mon esprit et mon âme sont de plus en plus en harmonie ».

Notez si vous avez des pensées négatives ou croyances limitantes et prenez le temps de les libérer. Faites-vous ce cadeau de légèreté.

Qu'est qui vous empêche de le faire ?
Quelle est votre plus grande peur ?
Remerciez-la et libérez-la.

SEMAINE 2 : La santé, le corps

Déclarations conscientes « affirmations »

Bonus d'intégration des nouvelles croyances : recopiez celles qui vous plaisent, changez les mots ou créez vos propres affirmations. Répétez ces affirmations vingt fois en restant en apnée, plusieurs fois par jour, aussi souvent que vous le pouvez. Nous devenons ce à quoi nous pensons le plus souvent.

Waw, merci, j'adore !

- Me sentir en pleine forme.
- Me sentir de plus en plus puissante et énergique.
- Nourrir mon esprit, mon corps et mon âme.
- Contrôler ma santé et mon bien-être.
- Aimer mon corps et en prendre soin.
- Être de plus en plus énergique à tous points de vue.
- Le sommeil profond et réparateur que m'apporte chaque nuit.
- L'infinité de mon bien-être.
- Habiter mon corps.
- Éprouver un bien-être continuel.

- Me sentir bien dans ma peau.
- Être détendu, relaxé, heureux.
- M'abstenir de tout ce qui peut me faire mal.
- Me sentir en paix.
- Sentir un merveilleux sentiment de calme et d'harmonie se répandre en moi.
- Être en forme et en bonne santé de plus en plus chaque jour.
- Sentir mon corps en meilleure santé.
- Me sentir bien, paraître bien, être bien.
- Être ami avec mon corps.
- Permettre à mon corps de toujours me guider dans l'équilibre.
- – Avoir confiance en mon corps et respirer avec fluidité.
- Être en parfaite santé.

— 3 —

Visualisation créatrice

Vous pouvez lire ou bien écouter tout de suite votre visualisation en flashant le QR code (positionnez votre appareil photo devant).

Installez-vous confortablement. Faites-en sorte de ne pas être dérangé pendant quelques minutes. Fermez les yeux et portez votre attention sur votre respiration. Prenez une grande inspiration par la bouche, restez en apnée et répétez intérieurement : « Je libère et je lâche toutes les tensions dans mon corps. » Très bien, recommencez encore deux fois. Maintenant, inspirez, retenez l'air et répétez intérieurement : « Waw, merci, j'adore prendre un temps pour moi et me recentrer pour me sentir encore mieux. » Encore une fois. C'est très bien. Observez comment l'air entre et sort à travers vous, ce souffle que vous inspirez et expirez. Observez le chemin par lequel il entre dans votre corps, jusqu'où il va, par où il passe, est-ce qu'il circule librement. Autorisez-le à circuler davantage.

Alors, tranquillement, pendant que vous continuez à observer votre respiration, vous imaginez que vous allez prendre une douche de lumière. Vous pouvez voir au-dessus de votre tête,

Waw, merci, j'adore !

à environ cinq centimètres, une magnifique bulle de lumière dorée, elle pétille et brille comme le soleil, elle est pleine de pur amour divin. Elle est magique, elle peut soigner vos douleurs et harmoniser toutes les cellules de votre corps. Cette lumière est porteuse de formule magique, elle agit comme un médicament magique pour soigner tous les bobos du corps. Amusez-vous comme un enfant avec ce pouvoir merveilleux. Cette lumière devient de la poussière d'étoiles et se déverse en vous comme une pluie de lumière scintillante pure et lumineuse. Vous la sentez se frayer un chemin en vous comme un rayon qui traverse votre crâne, c'est un peu comme la sensation des rayons du soleil, cela vous caresse de l'intérieur.

Cette poussière d'étoiles se répand comme le thé dans l'eau en vous par le sommet de la tête, prenez un instant pour la ressentir, ce soleil vous traverse et pénètre à l'intérieur de vous, vous ressentez peut-être cette chaleur légère qui vous apaise et vous aide à vous détendre encore plus profondément. Comme vous inspirez profondément, vous continuez à visualiser cette lumière qui pénètre dans toute votre tête, passant par le crâne, le front, les joues et la mâchoire qui se relâchent, puis le cou qui se détend, et vous pouvez faire l'expérience de bien-être, comme un massage intérieur. Cette rivière de lumière coule et harmonise en même temps tous vos chakras. Tout est ramené à la norme d'amour pur sur son passage. Vous visualisez le chakra couronne, ce centre énergétique situé au sommet du crâne, prenez une grande inspiration, restez en apnée et répétez intérieurement : « Je libère et je lâche toutes les informations toxiques à cet endroit » et vous soufflez. Super, maintenant, vous prenez une bonne inspiration par la bouche, retenez la respiration et répétez intérieurement : « Waw, merci, j'adore me libérer des informations toxiques et garder le meilleur pour moi. »

SEMAINE 2 : La santé, le corps

Observer : le passage de la lumière vous permet de remarquer comment les muscles de votre corps se détendent de plus en plus. Concentrez-vous sur votre chakra du troisième œil, de couleur violette, situé entre les deux yeux, prenez une grande inspiration, restez en apnée et répétez intérieurement : « Je libère et je lâche toutes les informations toxiques à cet endroit » et vous soufflez. Super, maintenant, vous prenez une bonne inspiration par la bouche, retenez la respiration et répétez intérieurement : « Waw, merci, j'adore me libérer des informations toxiques et garder seulement la lumière d'amour pur. »

Vous continuez alors à visualiser cette rivière de lumière ensoleillée magique qui remplit maintenant votre cou.
Vous visualisez le chakra de la gorge, de couleur bleue, ce centre énergétique situé au milieu de la gorge : prenez une grande inspiration, restez en apnée et répétez intérieurement : « Je libère et je lâche toutes les informations toxiques à cet endroit » et vous soufflez. Super, maintenant vous pouvez prendre une bonne inspiration par la bouche, retenez la respiration et répétez intérieurement : « Waw, merci, j'adore me libérer des informations toxiques et garder seulement la lumière d'amour pur. »

Votre poitrine est grande ouverte, vos épaules s'écartent pour laisser couler la lumière. Vous visualisez le chakra du cœur, de couleur verte, ce centre énergétique situé au centre de la poitrine : prenez une grande inspiration, restez en apnée et répétez intérieurement : « Je libère et je lâche toutes les informations toxiques à cet endroit » et vous soufflez. Super, maintenant, vous pouvez prendre une bonne inspiration par la bouche, retenez la respiration et répétez intérieurement : « Waw, merci, j'adore me libérer des informations toxiques et garder seulement la lumière d'amour pur dans mon cœur. »

Waw, merci, j'adore !

Tous vos organes continuent de se détendre, vos bras sont relâchés, et doucement, tout votre ventre baigne dans cette lumière. Peut-être que vous pouvez ressentir cette chaleur, un peu comme quand le soleil réchauffe votre peau, tout en continuant de respirer profondément et encore plus profondément.

Vous appréciez de plus en plus cette douche de lumière intérieure. Vous visualisez le chakra du plexus solaire, couleur jaune, ce centre énergétique situé autour du nombril, souvent bloqué par l'habitude de s'inquiéter : prenez une grande inspiration, restez en apnée et répétez intérieurement : « Je libère et je lâche toutes les informations toxiques à cet endroit » et vous soufflez. Super, maintenant, vous pouvez prendre une bonne inspiration par la bouche, retenez la respiration et répétez intérieurement : « Waw, merci, j'adore me libérer des informations toxiques et garder seulement la lumière d'amour pur. »

Voyez-vous les mouvements de cette lumière dorée tout harmoniser sur son passage ?

Vous visualisez le chakra sacré, couleur orange, ce centre énergétique à quelques centimètres au-dessus du nombril, souvent bloqué par la peur de la mort. Prenez une grande inspiration, restez en apnée et répétez intérieurement : « Je libère et je lâche toutes les informations toxiques à cet endroit » et vous soufflez. Super, maintenant, vous pouvez prendre une bonne inspiration par la bouche, retenez la respiration et répétez intérieurement : « Waw, merci, j'adore me libérer des informations toxiques et garder seulement la lumière d'amour pur. »

SEMAINE 2 : La santé, le corps

Et pour terminer ce doux voyage, vous visualisez le chakra racine, couleur rouge, centre énergétique situé au niveau du bas ventre, souvent bloqué par la fantaisie, les fantasmes et les illusions : prenez une grande inspiration, restez en apnée et répétez-vous intérieurement : « Je libère et je lâche toutes les informations toxiques à cet endroit » et vous soufflez. Super, maintenant, vous pouvez prendre une bonne inspiration par la bouche, retenez la respiration et répétez intérieurement : « Waw, merci, j'adore me libérer des informations toxiques et garder seulement la lumière d'amour pur. »

Imaginez bien la rivière du soleil qui continue de couler en vous progressivement et voyez comme elle emporte toutes les informations inutiles dans son sillon pour traverser vos deux pieds, elle traverse la plante de vos pieds pour aller se déverser dans la terre où elle sera recyclée par la terre en amour.

Ressentez tous vos sept chakras en vibration, voyez comme ils sont tous grands ouverts et vibrants de lumière. Appréciez un instant ces sensations intérieures. Repérez les zones sur lesquelles vous aimeriez travailler davantage une prochaine fois, et tranquillement, vous portez votre conscience sur la surface sur laquelle vous êtes installé. Vous bougez vos pieds et vos mains tout doucement et vous pouvez ouvrir les yeux, tranquillement, à votre rythme.

— 4 —

Quelles petites actions pourriez-vous faire dans les quarante-huit heures ?

Suggestions :

- En sortant de votre douche, mettez-vous de l'huile de coco bio (ou celle que vous préférez) sur tout votre corps tout en remerciant chaque partie au moment où vous la touchez.
- Manger en conscience des aliments, en vous disant : « Je mange cela pour faire du bien à mon corps. »

Exercice complémentaire :

Recherchez dans un magazine ou sur Internet une photo d'une personne connue ou non qui possède la silhouette, le corps idéal pour vous. Faites en sorte de choisir quelqu'un de votre morphologie. Imprimez cette photo, ensuite, collez votre photo d'identité sur le corps, puis accrochez-la de façon à la regarder le plus souvent possible. C'est un exercice très ludique qui donnera au cerveau l'information de l'objectif à atteindre.

Si le doute, le pessimisme ou toute autre émotion du mode Zombie remonte, faites des libérations quand vous regardez la photo. Tous les jours, remerciez votre corps, expliquez-lui que c'est la destination vers laquelle il se dirige et que vous l'aimez déjà comme il est. « J'ai l'intention d'avoir le corps idéal pour moi avec le poids de forme juste et parfait pour moi. »

Toutes les personnes avec qui j'ai fait cet exercice et qui l'on fait avec persévérance et régularité ont perdu du poids et retrouvé leur corps idéal. C'est par la répétition que vous reprogrammez votre subconscient, la neuroplasticité du cerveau obéit à la transformation par la répétition. C'est d'ailleurs par la répétition que l'on nous a éduqués. Il s'agit maintenant de créer consciemment votre vie afin de l'adorer, en répétant régulièrement ce que vous avez envie de croire et de vivre jusqu'à en faire votre réalité.

SEMAINE 3

LES RELATIONS

—1—

Prise de conscience

Voici l'un des domaines les plus passionnants de la vie. C'est l'un des déclencheurs principaux de nos émotions, c'est d'ailleurs pour cela que beaucoup de personnes préfèrent rester seules, car elles savent consciemment ou inconsciemment que l'autre va déclencher en elles des émotions.

Sartre disait : « L'enfer, c'est les autres. » Après avoir joué plusieurs fois cette pièce au théâtre, je confirme que cette croyance est très limitante. Je préfère la version de Gad Elmaleh dans son spectacle *L'autre, c'est moi*, qui est plus près de la réalité physique, scientifiquement, et surtout plus amusante et aidante pour notre développement personnel et la création de relations harmonieuses.

Lorsque deux êtres émotionnels se rencontrent, cela crée forcément une interaction, qu'on le veuille ou non. Nous ne pouvons pas ne pas communiquer avec l'autre. Quelles que soient la réaction, l'attitude, les paroles. Même le silence est une manière de communiquer.

Ma plus grande joie aujourd'hui est de pouvoir rester moi-même en toutes circonstances. Peu importe les gens que je rencontre, leur statut, leur rôle et leur état émotionnel. Cela permet de reconnaître et accepter l'autre tel qu'il est et non pas comme nous voudrions qu'il soit. Pendant très longtemps, j'avais un problème avec les gens en souffrance ou en phase de négativité. Ils m'ennuyaient, parce que je ne savais pas quoi faire, je ressentais beaucoup de frustration et d'impuissance à ne pas pouvoir les comprendre ou les aider. Les voir réveillait en moi un sentiment d'impuissance. Je n'aimais pas voir la

Waw, merci, j'adore !

tristesse chez l'autre et encore moins la souffrance, tout simplement parce que je n'étais pas en phase avec ma propre souffrance et que j'avais peur de la tristesse.

Alors, je fermais mon cœur à leur contact, je faisais du mieux que je pouvais, car je ne savais pas à l'époque gérer mon hypersensibilité et j'avais tendance à me croire responsable de ce que les autres ressentaient. Être distante et froide était souvent la seule solution à ma disposition à ce moment-là. Aujourd'hui, je suis davantage dans la compassion. Qu'est-ce que cela signifie ? Voici la définition du dictionnaire :
Compassion : « Souffrir avec ou reconnaître la souffrance et y remédier. »
Ce n'est pas toujours facile au début, surtout quand on a un cerveau qui fait tout pour nous éviter la souffrance.
En libérant mes souffrances, j'ai appris à reconnaître celles des autres et à y remédier en leur envoyant de l'amour, ouvertement, avec des paroles apaisantes ou juste en me le disant intérieurement.
J'ai appris à transformer la colère en compréhension, puis en compassion, j'ai mis de la lumière dans mes zones d'ombres, en les intégrant.

Je me sens beaucoup plus humaine, maintenant. Bien sûr, ce sont des apprentissages progressifs, nécessitant des ajustements et de la compassion pour soi-même et surtout beaucoup de libérations des schémas du passé en structurant sa conscience avec de nouvelles mises à jour d'informations aidantes. Travailler sur soi est indispensable, c'est le meilleur investissement que l'on puisse faire, non seulement pour notre bien, mais pour celui de tous.

Lorsque vous croisez quelqu'un qui commence à se plaindre du temps, de la pluie, avez-vous tendance à aller dans son sens

SEMAINE 3 : Les relations

et passer en mode Zombie en acquiesçant, sous prétexte de compassion ? La démarche est intéressante si l'on va au bout de la compassion, **en y remédiant,** c'est-à-dire **en continuant l'histoire sur une note positive**. Par exemple, vous pouvez répondre : « Ah oui, c'est vrai, il pleut. Les grenouilles adorent ça, la nature s'en réjouit. » C'est plus aidant pour lui, et vous, vous restez ainsi en mode Waw, en rappelant que le soleil est toujours là derrière les nuages.

Cet exemple vaut pour toute autre situation. Quelqu'un qui est dans le besoin ou la pauvreté, je le regarde avec confiance, avec la conviction qu'il trouvera une solution. Les pauvres n'ont pas besoin de notre pitié, mais d'inspiration, ils ont besoin d'éducation et d'avoir les bonnes informations pour eux aussi apprendre à obtenir ce qu'ils désirent dans leur vie. Il y a beaucoup de gens merveilleux sur Terre, qui diffusent de plus en plus toutes ces informations positives et aidantes pour que de plus en plus de personnes bénéficent des meilleures conditions de vie possible.

Tout ceci demande bien sûr du temps et de l'entraînement. Un jour après l'autre, vous commencerez à changer votre manière d'agir et à vous offrir plus de choix en contrôlant de mieux en mieux votre réalité. Il y a eu une période de ma vie où mes relations avec les autres me semblaient incontrôlables, du moins les émotions qu'elles réveillaient en moi me faisaient peur. Il faut dire que j'avais un côté psychorigide. Dès que je perdais le contrôle de l'émotion, je tombais dans l'arrogance, l'indifférence ou la timidité. J'avais très peu d'options, à l'époque.

Un de mes plus gros problèmes était la lecture de pensées. Vous savez, ce phénomène qui consiste à imaginer ce que l'autre pense de vous, ce qu'il est en train de se dire à votre sujet. C'est la partie de vous qui est persuadée de savoir ce que l'autre pense de vous qui répond à la question : « Qu'est-ce qu'il pense de moi ? » Autant vous dire que dans 99 % des cas, vous avez tort. Les pensées des autres ne vous concernent pas et vous n'y avez pas accès. La meilleure manière de savoir ce que quelqu'un pense est de le lui demander. Que d'énergie économisée et de temps gagné !

Le jour où j'ai découvert, en partie grâce à la PNL (qui nous explique les fonctionnements du cerveau), la séparation des mondes, un principe expliquant que chaque individu possède son propre modèle du monde, j'ai accepté l'idée que chacun a sa propre vision, créée à partir de différents filtres, méta programmes de son cerveau, qui interprètent le monde à travers des paramètres spécifiques, influençant ainsi la perception de la personne. C'est ce que nous avons abordé au tout début avec le schéma sur l'index de conscience.

Rappelez-vous aussi les différents niveaux de réalité dont je vous parlais, et bien au niveau matériel, ce sont nos perceptions qui façonnent la réalité, et cette perception diffère d'un individu à l'autre.

Vous est-il déjà arrivé d'aller voir un film avec vos amis, et qu'en sortant de la salle et en écoutant les impressions des autres, vous avez l'impression de ne pas avoir vu le même film ? Chacun de vous a une version différente. Et pourtant, chacun de vous a raison ; la perception de vos amis est bonne, la vôtre l'est aussi. C'est comme s'ils avaient vu le film avec des lunettes jaunes et vous avec des lunettes bleues. Les lunettes sont les différents méta programmes, émotions et pensées générés par la personne et traités par son cerveau en référence à son histoire unique. Ces données internes propres à chaque individu vont filtrer les quatre cents millions de bits

SEMAINE 3 : Les relations

d'informations par seconde reçus par notre cerveau. Selon les filtres de la personne, ce dernier n'en retient que deux mille à la seconde.

Ce principe d'acceptation du modèle du monde de l'autre nous aide à intégrer que nous sommes tous différents. Contrairement à ce que l'on nous fait croire, notre personnalité n'est pas faite d'un seul bloc. Elle est constituée de multiples personnalités, c'est ce que nous appelons en PNL « le modèle des parties ». Nous avions notre personnalité d'enfant, et plus celle-ci devient vulnérable, plus la personnalité que nous avons développée devient forte pour lui venir en aide. L'être humain développe plusieurs personnalités, parties ou aspects qui sont souvent gardiens d'une valeur, d'une mission, du respect d'une croyance ou d'une stratégie de survie.

Mon enfant intérieur était très vulnérable, alors j'ai développé des parties très fortes que je pourrais appeler la guerrière, la responsable, la travailleuse, la déterminée, l'ambitieuse, la puissante, la persévérante, la coriace, la perfectionniste, la critique... J'ai aussi découvert par la suite que chacun de nos aspects, parties, facettes ou traits de caractère ne pouvait exister sans son contraire. J'avais donc aussi en moi la pacifiste, la feignante, la lâcheuse, la victime, la faible, la contestataire, la distraite, la brouillonne, l'étourdie, la nonchalante, la peureuse...

Nous avons tous en nous l'ombre et la lumière. Le plus délicat est d'avoir peur de nos parts d'ombre. Cela signifie qu'elles se renforcent. Comme des enfants, nos parties sombres ou éclairées cherchent la reconnaissance, à être aimées. Ce qui est merveilleux, c'est que nous pouvons apporter toute la lumière dans l'ombre et harmoniser toutes nos parties en les complétant avec l'amour.

Waw, merci, j'adore !

Et si les autres étaient mes miroirs ?

« Ma collègue est toujours en train de se plaindre et de parler des autres, ça m'agace quotidiennement. » Et si cette collègue était là pour vous aider à reconnaître et accepter votre côté plaintif et votre partie commère inconsciente ? Se plaindre de quelqu'un qui se plaint, c'est aussi une forme de se plaindre, n'est-ce pas ?
Imaginez que chaque personne que vous rencontrez soit un miroir de ce que vous avez en vous. Bien sûr, lorsqu'il s'agit de personnes avec de grandes qualités, cela est très appréciable. La réalité, c'est qu'il en est de même pour les aspects plus négatifs. Je vous conseille un livre de Debbie Ford entièrement dédié à cela, *La Part d'ombre du chercheur de lumière,* et avec la méthode Waw avec vous, vous allez avancer très vite.

Qu'est-ce qui fait que vous vous sentez bien avec certaines personnes et moins bien avec d'autres ? Tout dépend du degré d'acceptation du monde de l'autre, des pensées que vous émettez à son sujet et de la résonance avec votre propre histoire vibratoire.

Imaginez que chaque personne possède une prise sur le torse (la même que pour brancher un appareil électrique). Chaque fois que vous ressentez une forte sensation envers une personne, c'est que cette prise est ouverte en vous.

Avant, je ne supportais pas les gens agressifs. J'avais le don de les attirer. Jusqu'au jour où j'ai compris que j'avais été à un moment donné très agressive dans ma vie, notamment avec mes quatre frères. Cela se représentait à moi parce qu'il fallait que j'intègre cette partie, cet aspect de moi. À l'époque, ma partie agressive a été très utile pour moi, car je croyais qu'elle me protégeait dans certains contextes, et c'est le cas de

SEMAINE 3 : Les relations

beaucoup de comportements gênants, ils ont souvent une intention positive à l'origine.
Avec tous ces outils de prise de conscience, je l'ai reconnue et je l'ai remerciée. Après un gros câlin, je l'ai intégrée à mon être. Depuis, je croise rarement des gens agressifs, et si cela se présente, un sourire se dessine dans mon cœur, car je les comprends et leur pardonne. J'envoie un rayon de soleil depuis mon cœur en leur direction.

Ce n'est pas toujours facile de reconnaître nos parts d'ombre, on les voit plus aisément chez certaines personnes ; pour vous aider à les repérer en vous, posez-vous la question : n'y a-t-il pas eu au moins une fois dans ma vie où j'ai été comme ceci ou comme cela ? Il suffit d'une seule fois.
Exemple : je vois quelqu'un avec un comportement que je juge irrespectueux. N'y a-t-il pas eu au moins une fois dans ma vie où je l'ai été moi aussi ? Bien sûr, je libère avec la technique WMJ et je porte mon attention sur ce que je veux.

Depuis que j'ai intégré le concept puissant et tellement aidant selon lequel toutes les personnes que je rencontre sont en résonance avec les parties de moi, celles de lumière mais aussi celles d'ombres que je ne reconnais pas ou pas encore, j'aime et j'accepte plus facilement les différentes parties de moi, celles de l'ombre comme celles de la lumière. Je me sens en paix devant ces types de comportements, et surtout, je garde ma maîtrise personnelle, avec la liberté de me sentir comme je veux. Comprenez bien que nous avons des comportements, nous ne sommes pas nos comportements, nous avons des émotions, nous ne sommes pas nos émotions, et nous avons des pensées. Nous sommes la conscience, celle qui voit et transforme la réalité par son essence de lumière.

— 2 —

Pratique de la Méthode Waw, merci, j'adore !

Je libère toutes les résistances émotionnelles… ou **je libère et je lâche…**

- La blessure de trahison avec les autres.
- La blessure de rejet avec les autres.
- La blessure d'abandon avec les autres.
- La blessure d'humiliation avec les autres.
- La blessure d'injustice avec les autres.
- La peur du regard des autres.
- La frustration avec les autres.
- La colère avec les autres.
- La peur du jugement des autres.
- Le découragement avec la critique des autres.
- La colère face à la colère des autres.
- La culpabilité de ne pas pouvoir aider les autres.
- Les sentiments de vengeance avec les autres qui font du mal.
- La rage avec le comportement destructeur des autres.
- Ma frustration de m'exprimer librement avec les autres.
- La jalousie des autres qui se comparent à moi.
- La culpabilité de ma colère envers les autres.
- La tristesse avec la critique des autres.
- La déception avec les autres.
- L'impuissance de la jalousie des autres.
- La peur et l'impuissance d'être rejeté par les autres.
- La peur d'être aimé par les autres pour ce que j'ai.
- La peur d'être trahi par l'autre.

Waw, merci, j'adore !

- La peur d'être abandonné par l'autre et de souffrir encore.
- La méfiance des autres.
- Les conflits émotionnels entre les autres et mes loisirs.
- La frustration entre les autres et l'amour de moi-même.
- Le besoin d'approbation des autres.
- La colère d'être jugée égoïste si je prends du temps pour moi.
- L'insécurité de dire ce que je pense vraiment.
- La colère et l'impuissance de vouloir plaire à tout le monde.
- La tristesse d'être incompris.
- La haine de l'injustice des autres.
- La peur des gens incontrôlables.
- La peur de l'inconnu et des inconnus.
- La peur de l'étranger et des étrangers.
- La peur de l'immigré et de l'immigration.
- La peur de me retrouver tout seul et rejeté.
- La peur d'être abusé dans ma gentillesse.
- La peur de ne pas plaire en étant authentique.
- La peur de perdre l'amour de l'autre.
- L'impuissance face à la souffrance des autres.

Déclarations conscientes « Affirmations »

Waw, merci, j'adore ! (En apnée, vous répétez dans votre tête et vous soufflez…)
Waw, merci, j'adore considérer les gens tels qu'ils sont réellement et non tels que je voudrais qu'ils soient.

Waw, merci, j'adore…
- Mes relations avec un tel, et elles sont chaque jour plus heureuses.

SEMAINE 3 : Les relations

- Changer et modifier mes relations pour plus de paix et de joie.
- Sentir que l'esprit qui est en moi honore l'esprit en l'autre, *namasté*.
- Avoir des rapports harmonieux avec mes associés.
- Avoir confiance en moi-même et en les autres.
- Avoir des relations humaines faciles.
- M'aimer et donner mon amour aux autres.
- Me sentir libre et en confiance avec le regard des autres.
- Aborder des inconnus avec confiance et bienveillance.
- M'intéresser sincèrement aux autres.
- Souhaiter du positif aux autres.
- Faire preuve d'attention et de considération envers les gens.
- Traiter les autres comme j'aimerais qu'ils me traitent.
- Être en harmonie avec les autres.
- Attirer naturellement les personnes honnêtes et sincères qui respectent mes opinions comme je respecte les leurs.
- Souhaiter le meilleur à tous les êtres humains.
- Me sentir uni et en paix avec les autres.
- Aider les autres et me sentir utile.

— 3 —

Visualisation créatrice

Vous pouvez lire ou bien écouter tout de suite votre visualisation en flashant le QR code (positionnez votre appareil photo devant).

Installez-vous confortablement. Faites-en sorte de ne pas être dérangé pendant quelques minutes. Fermez les yeux et portez votre attention sur votre respiration. Prenez une grande inspiration par la bouche, restez en apnée et répétez intérieurement : « Je libère et je lâche toutes les tensions dans mon corps. » Très bien, recommencez encore deux fois. Maintenant, inspirez, retenez l'air et répétez intérieurement : « Waw, merci, j'adore prendre un temps pour moi et me recentrer pour me sentir encore mieux. » Encore une fois. C'est très bien. Observez comment l'air entre et sort à travers vous, ce souffle que vous inspirez et expirez. Observez le chemin par lequel il entre dans votre corps, jusqu'où il va, par où il passe, est-ce qu'il circule librement. Autorisez-le à circuler davantage.

Maintenant, pensez à une personne avec qui vous souhaiteriez améliorer la relation.

Waw, merci, j'adore !

La gratitude est l'une des clés les plus puissantes pour améliorer nos relations, elle nous aide à nous concentrer sur le meilleur des autres et, par conséquent, à en profiter avec eux. Alors que vous vous êtes pleinement détendu, imaginez la personne devant vous et positionnez l'image de cette personne à une distance confortable pour vous. Prenez une grande inspiration et répétez-vous : « Je libère et je lâche tous les blocages émotionnels avec un tel... », encore, « je libère et je lâche toutes les incompréhensions avec un tel... », encore, « je libère et je lâche toutes les informations toxiques à notre relation... » et maintenant, posez déjà des intentions : « Waw, merci, j'adore me sentir en paix avec.... »

Demandez-vous quels sont les aspects chez cette personne que vous appréciez le plus, trouvez-en au moins trois. Une fois les qualités identifiées, dites-lui mentalement : « Ce que j'apprécie chez toi, c'est... »

Qu'est-ce que vous aimez d'autre chez cette personne ? Exprimez-le-lui mentalement et ressentez le bien que cela procure.

Vous pouvez continuer à échanger avec cette personne en lui livrant les raisons pour lesquelles vous pouvez la remercier. Le fait de reconnaître ce que vous appréciez chez elle vous aidera à porter votre attention sur ses aspects positifs. Et par conséquent, cela améliorera progressivement la nature de votre relation. Qu'est-ce que vous aimez d'autre chez cette personne ?

Dites-le-lui :

« Je te remercie pour... »

« Je te suis reconnaissant de m'avoir permis... »

Accompagnez ces reconnaissances en inspirant et en soufflant comme vous savez le faire maintenant.

Imaginez et créez mentalement un lien, comme un cordon entre vous et cette personne, qui symbolise votre relation.

SEMAINE 3 : Les relations

Observez ce lien ; maintenant, coupez-le mentalement, accompagnez ce geste d'une grande respiration. Pensez à un enfant que vous aimez beaucoup ou un animal de compagnie, référez-vous à une relation d'amour inconditionnel. Imaginez le lien qui vous unit, comment est-il ? Observez-le dans le moindre détail, comme si vous le dessiniez pour le copier. Gardez bien en mémoire les composantes de cet amour inconditionnel.

Repensez maintenant à la personne initiale, afin de repartir sur une relation plus saine, copiez le même lien symbolique que le précédent et collez-le dans votre représentation. Très bien ; à présent, un lien nouveau plein de lumière et de gratitude est créé. Visualisez ce nouveau lien, inspirez et soufflez en affirmant :

« Waw, merci, j'adore sentir que ma relation avec un tel s'améliore de jour en jour. »

« Waw, merci, j'adore accepter l'autre tel qu'il est, ce qui lui permet de se sentir libre d'évoluer à son rythme. »

« Waw, merci, j'adore m'accepter de plus en plus avec mes forces et mes faiblesses. »

« Waw, merci, j'adore être authentique et bienveillant dans toutes mes relations. »

« Waw, merci, j'adore m'exprimer librement en toute confiance. »

— 4 —

Quelles petites actions pourriez-vous faire dans les quarante-huit heures ?

Suggestions :

- Écrire trois messages de remerciements à des personnes proches autour de vous. Comme par exemple : « Merci d'être dans ma vie. »
- Appeler un(e) ami(e) pour prendre de ses nouvelles et lui offrir toute votre attention pendant 10 minutes en l'écoutant intensément.

SEMAINE 4

LA ROMANCE

—1—

Prise de conscience

L'amour est le plus beau sujet du monde. Tout être humain, qu'il le reconnaisse consciemment ou non, aspire à une relation d'amour à un moment donné de sa vie. Ceux qui prétendent le contraire ont souvent abandonné, car ils n'y croient plus ou alors se sont consacrés à un amour divin.
Le domaine de vie de la romance est très proche de celui de la relation, sauf qu'elle est un miroir en permanence. La loi de l'attraction nous amène à être avec des partenaires qui ont les mêmes vibrations que nous.

Les relations de couple sont très révélatrices de la relation que l'on a avec nous-mêmes. Pour illustrer ce travail sur le thème de la romance, il me tient à cœur de vous parler de notre énergie masculine et de notre énergie féminine. On peut également appeler cela notre homme intérieur et notre femme intérieure. Comme tout n'est que le reflet de la relation en nous, autant aller tout de suite au cœur des choses. Imaginez que tous les hommes et les femmes ont en eux une femme et un homme, cette énergie du Yin (féminin) et du Yang (masculin).

La femme intérieure, c'est notre partie créatrice, celle qui conçoit, qui imagine, qui reçoit les informations subtiles de la réalité fondamentale. Elle est également rattachée à notre intuition, ce que certains appellent le sixième sens ou plutôt l'alignement harmonieux avec notre dieu intérieur. Notre femme intérieure va envoyer dans l'univers des pensées pour former ce qu'elle souhaite : ses désirs, ses projets, ses rêves. L'homme intérieur, c'est la partie de nous qui passe à l'action pour concevoir et matérialiser. Il représente notre matérialisation dans le monde physique, il reçoit dans l'action ce que la femme a demandé. C'est cette énergie créatrice dans la matière.

Plus leur relation est en harmonie et plus leur co-création est fluide. J'aime bien imaginer le couple comme un miroir de cette relation interne.

Dans un premier temps, je vous propose de faire des libérations sur l'homme et la femme en général, avec l'échelle des émotions de la méthode Waw, merci, j'adore !

Nous avons tous un passif émotionnel intense avec les représentations de l'homme et de la femme. Ce ne sont pas forcément des croyances que vous avez eues, mais peut-être bien celles inculquées par l'inconscient collectif.

Pour ce thème, je vais vous donner directement les différents types de blocages.

Conflits courants :
- Amour/liberté
- Peur de recevoir de l'amour
- Peur de perdre l'amour de l'autre
- Blessure de la trahison
- Blessure de l'humiliation
- Blessure de rejet
- Peur de l'injustice
- Peur d'être abandonné par l'autre

Dans l'Ancien Monde, les hommes et les femmes créaient des relations basées sur le besoin. Progressivement, nous nous dirigeons vers un nouveau modèle du couple. Un couple basé sur l'envie d'être ensemble, sorti des anciens schémas régis par la notion de dominant-dominé. Le Nouveau Monde appelle à

SEMAINE 4 : La romance

des relations plus saines basées sur l'acceptation, la confiance et le respect de la différence du monde de l'autre.

Dans les anciens modèles, les relations avaient souvent comme lien la dépendance affective, matérielle, psychologique, émotionnelle, physique et mentale. Le Nouveau Monde aspire à des couples où chacun vit sa complétude. La femme sait qu'elle a tout en elle, comme l'homme est conscient d'avoir toutes les ressources en lui. Ensemble, comme deux êtres complets épanouis, ils sont dans la co-création, harmonieuse et saine pour l'épanouissement de chacun et l'expression de son moi profond dans le monde pour le bien du Tout.

Voici un extrait du livre de Khalil Gibran que j'adore, *Le Prophète* :

« *Vous êtes nés ensemble, et ensemble vous resterez pour toujours.*
Vous resterez ensemble quand les blanches ailes de la mort disperseront vos jours.

Oui, vous serez ensemble jusque dans la silencieuse mémoire de Dieu.
Mais qu'il y ait des espaces dans votre communion,
Et que les vents du ciel dansent entre vous.

Aimez-vous l'un l'autre, mais ne faites pas de l'amour une entrave ;
Qu'il soit plutôt une mer mouvante entre les rivages de vos âmes.
Emplissez chacun la coupe de l'autre
Mais ne buvez pas dans la même coupe.
Partagez votre pain
Mais ne mangez pas de la même miche.
Chantez et dansez ensemble et soyez joyeux,
Mais demeurez chacun seul,
De même que les cordes d'un luth sont seules

Waw, merci, j'adore !

Ce pendant qu'elles vibrent de la même harmonie.
Donnez vos cœurs,
Mais non pas à la garde l'un de l'autre.
Car seule la main de la Vie peut contenir vos cœurs.
Et tenez-vous ensemble, mais pas trop proches non plus ;
Car les piliers du temple s'érigent à distance,
Et le chêne et le cyprès ne croissent pas dans l'ombre l'un de l'autre. »

— 2 —

Pratique de la Méthode Waw, merci, j'adore !

Je libère et je lâche tous les blocages émotionnels avec…

- La blessure de trahison avec l'amour.
- La blessure de rejet avec l'amour.
- La blessure d'abandon de l'amour.
- La blessure d'humiliation en amour.
- La blessure d'injustice en amour.
- La peur de l'amour.
- La peur de souffrir.
- La peur de perdre l'amour de l'autre.
- La peur d'être dépendant de l'autre.
- La peur d'être trahi en amour.
- La peur de souffrir en amour.
- La peur de perdre ma liberté en amour.
- La peur d'être abandonné.
- La peur d'être rejeté par l'être aimé.
- La peur de ressentir l'injustice dans mon couple.
- La honte d'aimer.
- La faiblesse de l'amour.
- La force d'aimer.
- La peur de recevoir de l'amour.
- La peur d'être manipulé par l'autre.
- La colère envers les hommes.
- La colère envers les femmes.
- Le rejet de la sensibilité des hommes.
- Le rejet de la sensibilité des femmes.
- Le conflit entre amour et liberté.
- Le conflit entre force et amour.
- Le conflit entre connaissance et amour.

Waw, merci, j'adore !

- Le conflit entre spiritualité et amour.
- Le conflit entre réussite et amour.
- Le conflit entre couple et famille.
- Le conflit entre dominant et dominé.
- La peur de se soumettre en amour.
- La culpabilité de dominer l'autre.
- La peur de se sacrifier pour l'autre.
- Le besoin de l'autre.
- La peur des émotions.
- La peur de décevoir l'autre et ses attentes.
- La culpabilité d'être plus heureux que lui ou vice-versa.
- L'angoisse d'être aimé et de perdre le contrôle.
- L'angoisse d'exprimer mon amour et d'être rejeté.
- L'angoisse d'être humilié et ridiculisé en aimant innocemment.

Pour aller plus loin dans vos libérations, je vous invite à transformer la structure de la phrase que vous libérez dans toutes les dimensions internes et externes.

Exemple : Je libère et je lâche…
(Neutre) La peur de souffrir.
(Interne) La peur de me faire souffrir.
(Externe) La peur que tu me fasses souffrir.

Déclarations conscientes « Affirmations »

Waw, merci, j'adore me sentir en sécurité avec l'amour.
Waw, merci, j'adore aimer et être aimé.
Waw, merci, j'adore recevoir l'amour dont j'ai besoin en moi.

Waw, merci, j'adore…
- M'aimer, car plus je m'aime et plus je t'aime.
- La puissance que m'apporte l'amour.

SEMAINE 4 : La romance

- Recevoir de plus en plus puissamment de l'amour.
- Aimer, car c'est ma plus grande force.
- M'aimer et me respecter, car plus je m'aime et me respecte et plus cela se ressent dans ma relation.
- Voir l'autre comme le miroir de mes joies comme de mes tristesses.
- L'harmonie dans ma relation de couple.
- Questionner mon partenaire sur ses ressentis avec bienveillance.
- Accueillir la différence de l'autre avec bienveillance et non jugement.
- Me sentir libre et heureuse dans cette relation.
- Sentir l'amour partout autour de moi.
- Être responsable de mes émotions.
- Prendre la responsabilité de tout ce que je ressens.
- Être responsable de ma vie sentimentale et prendre des décisions.
- Ne pas avoir besoin de mon partenaire pour me sentir bien.
- Être avec mon partenaire en restant authentique.
- Nous voir comme deux êtres libres et unis par l'amour.
- L'amour libre sans chaînes.
- Confier mon cœur entre les mains de la vie.
- Garder mon pouvoir créateur et imaginer le meilleur.
- Donner l'amour que je veux recevoir.
- Demander ce dont j'ai besoin avec confiance.
- Laisser l'autre libre, car l'amour ne possède personne.
- N'appartenir à personne.
- La fluidité de notre communication.
- Reconnaître ma grande valeur et mon partenaire le ressent.
- Avancer avec grâce, amour et authenticité dans ma relation de couple.
- Aimer et accepter mon partenaire comme il est, avec ses forces et ses faiblesses.

Waw, merci, j'adore !

– M'exprimer librement et dire ce dont j'ai besoin avec bienveillance.

— 3 —

Visualisation créatrice

Vous pouvez lire ou bien écouter tout de suite votre visualisation en flashant le QR code (positionnez votre appareil photo devant).

Installez-vous confortablement. Faites-en sorte de ne pas être dérangé pendant quelques minutes. Fermez les yeux et portez votre attention sur votre respiration. Prenez une grande inspiration par la bouche, restez en apnée et répétez intérieurement : « Je libère et je lâche toutes les tensions dans mon corps. » Très bien, recommencez encore deux fois. Maintenant, inspirez, retenez l'air et répétez intérieurement : « Waw, merci, j'adore prendre un temps pour moi et me recentrer pour me sentir encore mieux. » Encore une fois. C'est très bien. Observez comment l'air entre et sort à travers vous, ce souffle que vous inspirez et expirez. Observez le chemin par lequel il entre dans votre corps, jusqu'où il va, par où il passe, est-ce qu'il circule librement. Autorisez-le à circuler davantage.

Imaginez-vous dans un endroit calme dans la nature, par exemple la plage, la montagne, au bord d'une rivière, là où vous vous sentez le mieux.

Waw, merci, j'adore !

Représentez-vous maintenant votre femme intérieure, demandez à votre cerveau de vous la montrer : vous pouvez voir apparaître une forme, un animal, un objet, un archétype, un personnage, une couleur ou quelque chose de plus abstrait. Accueillez ce qui vient à vous avec bienveillance sans aucun jugement. Regardez votre femme intérieure et essayez de voir précisément les différents éléments qui la composent.

Quel ressenti avez-vous envers elle ? Demandez-lui ce qu'elle souhaite en particulier. Écoutez et observez. Sa réponse peut être verbale ou non verbale ; une fois le message reçu, prenez une grande inspiration, libérez et soufflez pour laisser partir la représentation.

Revenez alors à votre espace de détente en pleine nature. Appelez maintenant votre homme intérieur afin qu'il vienne se présenter à vous sous la forme qu'il souhaite. Laissez venir la représentation avec une bienveillante curiosité. Remerciez et observez les traits particuliers de la forme. Quel ressenti avez-vous envers lui ? Demandez-lui quel message il a pour vous. Remerciez-le, sa réponse peut être verbale ou non verbale ; une fois le message reçu, prenez une grande inspiration, libérez et soufflez pour laisser partir la représentation. Si vous n'avez pas de message immédiat, soyez confiant, le message vous parviendra plus tard.

Vous pouvez revenir à votre espace de détente, et maintenant, demandez à votre homme et à votre femme intérieurs de venir se présenter à vous ensemble. Regardez comment ils communiquent ensemble. Quelle est la nature de la relation ? Demandez-leur s'ils ont quelque chose à vous communiquer ou à se communiquer entre eux. Une fois le message reçu, prenez une grande inspiration, libérez et soufflez pour laisser partir la représentation. Respirez et revenez dans votre endroit calme. Tranquillement, à votre rythme, vous pouvez ouvrir les yeux.

— 4 —

Quelles petites actions pourriez-vous faire dans les quarante-huit heures ?

Suggestions :

- Faire la liste de toutes les qualités que vous aimez chez votre partenaire actuel ou désiré.
- Écrire dix raisons de remercier votre partenaire actuel ou désiré et le faire plusieurs jours en suivant.

_____
_____
_____
_____
_____
_____
_____
_____
_____
_____
_____
_____
_____
_____
_____
_____
_____
_____
_____
_____

SEMAINE 5

QUELLE EST VOTRE HISTOIRE AVEC L'ARGENT ?

—1—

Prise de conscience

Votre histoire avec l'argent n'a rien à voir avec ce que vous gagnez, votre niveau d'endettement, vos actifs ou votre rémunération. Cette histoire est en rapport avec la relation inconsciente que vous avez avec l'argent. Que croyez-vous à son sujet, quelles valeurs y associez-vous, quelle vision en avez-vous et quelle vision l'argent a-t-il de vous ?

Oui, l'argent n'est qu'un symbole, un bout de papier ou une pièce à laquelle nous donnons une valeur. La différence dépend de l'histoire qu'on se raconte au sujet de ce qu'on mérite, de ce qu'on est capable d'avoir ou non et de la valeur que l'on se donne. La chose la plus importante au sujet de l'argent est de comprendre que sa présence ou son absence dans votre vie va principalement dépendre des pensées, croyances et émotions que vous entretenez à son sujet. Si vous souhaitez plus d'argent dans votre vie, cherchez d'abord à identifier les conflits, les décisions, les peurs et les croyances limitantes ou aidantes à son sujet.

En France, l'argent reste encore un sujet tabou, que l'on n'ose pas aborder ou alors avec beaucoup de précautions. L'inconscient collectif prône de nombreuses croyances limitantes autour de ce moyen. En effet, l'argent n'est qu'un moyen de transport, nous permettant de matérialiser un désir, une idée, un projet. Nous entendons souvent des phrases basiques comme « l'argent ne fait pas le bonheur, mais il y contribue ». Cette phrase en elle-même crée un conflit de valeur dans l'esprit des personnes entre bonheur et argent.

Autre type de croyance limitante que j'entends souvent de la part de mes clients : « Je ne veux pas trop gagner, pour les impôts. » Ce monsieur avait peur de prospérer de peur d'avoir des problèmes pour payer ses impôts.

Votre situation financière dépend des actions passées, de vos comportements ou émotions qui dépendent de vos croyances, qui elles-mêmes dépendent de vos valeurs, qui elles-mêmes dépendent de décisions ou identifications. Tout cela est bien sûr inconscient, c'est la partie immergée de l'iceberg.

Si vous voulez des changements dans votre relation avec l'argent, c'est dans votre tête qu'il va falloir intervenir, faire des libérations émotionnelles avec la méthode WMJ qui vous permettront de structurer votre conscience et d'identifier les schémas racines pour les transformer définitivement et manifester ce que vous voulez dans votre vie.

J'ai accompagné beaucoup de clients qui avaient pour objectif la liberté financière. Certains l'ont atteint, d'autres sont en bonne route. Beaucoup de personnes se mettent elles-mêmes des bâtons dans les roues au moment d'atteindre leur objectif, elles créent inconsciemment des auto-sabotages.

La peur d'être riche existe bel et bien. Le cerveau n'aime pas perdre, il suffit qu'une croyance comme « si je deviens riche, les gens m'aimeront pour mon argent » et voilà la porte fermée et l'opportunité sabotée. Le risque de perdre l'amour des gens qu'il aime était trop fort. Aujourd'hui, il a compris que l'argent n'était pas sa source, mais seulement un moyen pour manifester ses désirs profonds, en accord avec ses valeurs.

Pour pouvoir transformer sa relation avec l'argent, il est important de prendre 100 % de responsabilités quant à sa circulation dans votre vie. C'est-à-dire ne plus accuser les

SEMAINE 5 : Quelle est votre histoire avec l'argent ?

circonstances extérieures, sinon cela vous place en situation d'impuissance et vous ne pouvez plus en créer davantage.

Beaucoup de personnes sont esclaves de l'argent aujourd'hui, travaillent pour lui, oubliant que c'est lui qui est notre serviteur. Ce serviteur prendra autant de place que nous l'autoriserons. C'est nous qui créons l'argent, la richesse se crée d'abord dans l'esprit. Quelqu'un qui se plaint de ne pas avoir assez continuera de créer cette réalité dans sa vie.

« Liberté signifie responsabilité. C'est pourquoi la plupart des hommes la craignent. »

George Bernard Shaw

Voici une des questions qui ont changé ma vie :
Et si l'argent n'était pas la question, qu'est-ce que je ferais ?

L'argent est souvent utilisé comme une bonne excuse afin de ne pas honorer nos loisirs, et c'est aussi d'après les statistiques la cause numéro un des divorces.

Dans ma propre expérience, je voyais l'argent comme un outil de pouvoir. Ma maman n'ayant jamais travaillé en dehors du travail extraordinaire d'élever six enfants, je ne voulais surtout pas comme elle dépendre d'un homme. Inconsciemment, j'avais associé l'argent dans le couple à un pouvoir sur l'autre, donc je m'étais organisée pour toujours gagner plus qu'un homme ou pour que, si je recevais de l'argent, cela ne vienne pas de lui. Tout ça à cause d'une croyance, « les hommes peuvent m'enfermer avec leur argent », et une décision, « jamais je ne dépendrai d'un homme financièrement ». Cela semble anodin, mais ce mécanisme inconscient a été à

Waw, merci, j'adore !

l'origine de bien des maux. Avec la méthode Waw, j'ai libéré toutes les blessures associées à cette croyance et je me suis libérée de mes peurs, et je suis fière aujourd'hui de recevoir aussi facilement de la part de mon homme son amour sous toutes ses formes, y compris l'argent.

J'adore aussi gagner de l'argent en partageant mes talents, et surtout parce que cela me permet de faire beaucoup de bien autour de moi et de faire travailler beaucoup de gens aussi.

Je peux quand même vous dire qu'avant d'en arriver là, j'ai dû beaucoup travailler sur moi et avoir le courage de regarder mes parts d'ombre en face pour les compléter. Cela m'a même coûté un divorce. Bien qu'il soit positif, je partagerai un jour la manière dont nous avons mis un terme à cette relation, j'en ferai un jour un ouvrage pour partager les clés d'un divorce positif et bienveillant, surtout quand on a des enfants.

Le plus gros problème pour moi a été de croire que l'argent était ma source, que je dépendais de quelque chose d'extérieur à moi. À partir du moment où je me suis reconnectée à ma source, ma conscience divine, j'ai repris mon pouvoir de création. Si je veux plus d'argent, je demande à la vie, et comme la vie coule en moi, elle me donne tout. En demandant, c'est comme si j'ouvrais la porte pour que cet argent déjà existant en moi puisse se manifester dans la matière. Ce thème mériterait lui aussi un ouvrage entier. Je vous recommande vivement *La Science de l'enrichissement* de Wallace D. Wattles.

Posez-vous la question de votre histoire avec l'argent ? Quelle relation votre mère avait-elle avec l'argent ?
Que vous a-t-elle transmis à ce sujet ?
Que pensait votre père de l'argent ?
L'argent circulait-il librement dans votre vie durant l'enfance ?

SEMAINE 5 : Quelle est votre histoire avec l'argent ?

Quand avez-vous gagné de l'argent pour la première fois ?
Qu'avez-vous ressenti à ce moment-là ?
Que pensez-vous de l'argent lorsque vous étiez enfant ?

Laissez venir les réponses et voyez comment ces croyances impactent encore votre réalité d'aujourd'hui. Pour vous faire gagner du temps, au sujet de votre histoire avec l'argent, voici une liste des blocages, croyances et conflits récurrents que vous pouvez libérer et transformer pour avoir une conscience d'abondance bien structurée et prête à recevoir tous les bienfaits qui cherchent à pénétrer dans votre vie.

— 2 —

Pratique de la Méthode Waw, merci, j'adore !

Je vous invite à libérer toutes les émotions en mode Zombie avec l'argent. Consciemment ou inconsciemment, vous avez pu les ressentir au moins une fois dans votre vie, dans tous les cas, ça ne fait que du bien.

Je libère et le lâche tous les blocages émotionnels avec… Ou je libère et je lâche…

- La blessure de trahison avec l'argent.
- La blessure de rejet de l'argent.
- La blessure d'abandon de l'argent.
- La blessure d'humiliation de l'argent.
- La blessure d'injustice de l'argent.
- Les pensées négatives au sujet de l'argent.
- Les croyances négatives au sujet de l'argent.
- L'argent, c'est mal.
- L'argent est ma source et je dépends de lui.
- Les autres sont ma source d'argent.
- L'argent crée des problèmes.
- L'argent est la cause de tous les maux.
- Il n'y en a pas assez pour tout le monde.
- La honte d'avoir de l'argent.
- La peur d'avoir de l'argent.
- L'impuissance avec l'argent.
- L'insécurité avec l'argent.
- La peur d'être critiqué à cause de l'argent.
- La peur de mourir par manque d'argent.
- La peur de la pauvreté.
- La peur de ne plus être aimé à cause de l'argent.

- La peur de la jalousie et de la comparaison des autres.
- La culpabilité d'en avoir trop.
- La haine des gens riches.
- La jalousie des gens riches.
- La peur de la trahison avec l'argent.
- La peur du rejet à cause de l'argent.
- La peur de l'abandon à cause de l'argent.
- La peur de l'humiliation à cause de l'argent.
- La peur de l'injustice à cause de l'argent.
- Le conflit entre spiritualité et argent.
- Je ne le mérite pas.
- Je ne suis pas assez bien.
- La peur de demander.
- La culpabilité de demander.
- La peur de recevoir et de dépendre.
- Les résistances à recevoir plus dans ma vie.
- La peur d'être aimé pour mon argent.
- La peur de prendre la grosse tête et devenir arrogant.
- La peur d'être jugé de matérialiste.
- L'impuissance à gagner de l'argent.
- La jalousie et le rejet des gens riches.
- L'arrogance avec l'argent et le déni de mon besoin.
- Les conflits entre argent et spiritualité.
- Le besoin d'approbation de ma famille avec l'argent.
- L'habitude de m'inquiéter au sujet de l'argent.

Identifiez aussi les pensées limitantes que vous avez des riches et faites des libérations avec vos croyances limitantes à ce sujet.

Déclarations conscientes « Affirmations »

Waw, merci, j'adore avoir le pouvoir en moi pour créer autant d'argent que je veux.

SEMAINE 5 : Quelle est votre histoire avec l'argent ?

Waw, merci, j'adore ma source d'abondance qui est en moi, et l'argent est un outil au service du bien dans la vie.

Waw, merci, j'adore…
- Reconnaître que les autres sont un canal de ma source d'abondance.
- Être dans la bonne vibration pour manifester de l'argent.
- L'argent qui afflue vers moi de sources connues et inconnues.
- L'argent, car il est au service de mes projets et du Bien.
- Payer toutes mes factures avec gratitude.
- Créer de l'argent en enrichissant les autres de mes services.
- Faire fortune grâce à toute l'intelligence que j'ai en moi.
- Être riche et j'adore que les gens m'aiment pour ce que je suis.
- Gagner de l'argent, c'est évident, juste et inspirant pour les autres.
- Utiliser constamment mon argent avec sagesse.
- Avoir une certitude en mes compétences à générer l'argent que je veux.
- Me sentir confiante et responsable de l'argent.
- Avoir de la chance et voir que l'argent est toujours mon serviteur.
- L'argent est un moyen lumineux, un véhicule d'amour pour se manifester.
- L'argent est partout et je le crée et le reçois facilement.
- Me donner la permission de gagner autant d'argent que je le désire.
- Vivre, ressentir et vibrer l'abondance d'argent.
- Autoriser l'argent à circuler en abondance et librement dans ma vie.
- M'amuser en gagnant de l'argent.

Waw, merci, j'adore !

- Avoir assez d'argent pour que tout le monde soit riche.
- Penser comme une multimillionnaire.
- Me sentir serein financièrement.
- M'amuser à faire beaucoup d'argent, c'est un jeu merveilleux.
- Souhaiter toute la richesse à toutes les personnes qui servent le bien.
- Faire plus de choses et aider plus de monde avec plus d'argent.
- Donner et enrichir les autres, car plus je donne, plus je reçois.
- Attirer facilement de l'argent de sources positives variées, grâce à qui je suis.
- Penser et me sentir comme une riche parce que je le suis déjà.
- Gagner tout l'argent que je veux parce que j'en suis capable et que je le mérite.

— 3 —

Visualisation Créatrice

Vous pouvez lire ou bien écouter tout de suite votre visualisation en flashant le QR code (positionnez votre appareil photo devant).

<u>Nouvelle version de mon histoire concernant l'argent</u>

Installez-vous confortablement. Faites-en sorte de ne pas être dérangé pendant quelques minutes. Fermez les yeux et portez votre attention sur votre respiration. Prenez une grande inspiration par la bouche, restez en apnée et répétez intérieurement : « Je libère et je lâche toutes les tensions dans mon corps. » Très bien, recommencez encore deux fois. Maintenant, inspirez, retenez l'air et répétez intérieurement : « Waw, merci, j'adore prendre un temps pour moi et me recentrer pour me sentir encore mieux. » Encore une fois. C'est très bien. Observez comment l'air entre et sort à travers vous, ce souffle que vous inspirez et expirez. Observez le chemin par lequel il entre dans votre corps, jusqu'où il va, par où il passe, est-ce qu'il circule librement. Autorisez-le à circuler davantage.

À cet instant, donnez-vous l'autorisation de structurer votre conscience avec de belles pensées aidantes et lumineuses.

« J'aime penser que l'argent est aussi disponible que l'air que je respire. J'aime imaginer que j'inspire et que j'expire davantage d'argent. Cela m'amuse de visualiser une grande quantité d'argent affluant vers moi. Je vois comment mon sentiment à cet égard influe sur mes revenus. Comprendre qu'avec la pratique, je peux contrôler mon attitude envers la prospérité ou envers tout autre chose me rend heureux. Je m'aperçois que plus j'évoque mon abondance, mieux je me sens.
J'aime penser que je suis le créateur de mon réel et que l'argent qui afflue dans ma vie découle directement de mes pensées. J'aime penser que c'est en ajustant mes pensées que je reçois la somme voulue.
À présent, je comprends la recette pour créer. Je comprends que je reçois l'essence de ce à quoi je pense, et surtout, je comprends que mes émotions m'indiquent à tout moment si je suis en train de diriger mes pensées vers l'argent ou vers le manque d'argent : j'ai donc confiance qu'avec le temps, j'alignerai mes pensées sur l'abondance et que la fortune affluera puissamment dans ma vie.
Je comprends que je n'ai pas à prendre en compte les opinions et les expériences de mon entourage. Car chacun a des conceptions différentes à l'égard de l'argent, de la richesse, des dépenses, des économies, de la philanthropie, du don, des revenus, des gains, etc. Et cela m'apaise. Il m'est agréable de savoir que mon seul travail est de faire correspondre mes pensées et mes désirs de prospérité. À chaque fois que je me sens bien, c'est que je suis parvenu à cet alignement.
J'aime savoir qu'il n'est pas grave d'éprouver une émotion négative concernant l'argent. Mais je compte rapidement réorienter mes pensées vers ce qui me fait éprouver un plus

SEMAINE 5 : Quelle est votre histoire avec l'argent ?

grand bien-être, car il est logique qu'en cultivant des pensées agréables, des résultats positifs s'ensuivent.

Je comprends que l'argent ne se manifestera pas instantanément avec ma nouvelle façon de penser, mais je m'attends à constater une amélioration résultant de mon effort délibéré pour avoir des pensées positives.

Je saurai que j'ai commencé à m'aligner avec la pensée de prospérité lorsque je me sentirai mieux : je serai de meilleure humeur et mon attitude en témoignera. Alors, très vite, je constaterai de réels changements dans ma situation financière. J'en suis certain.

Je suis conscient de la corrélation absolue entre mes pensées et mon ressenti, et ce qui arrive dans ma vie.
J'observe les manifestations infaillibles de la loi d'attraction répondant à mes pensées ; j'ai hâte de découvrir celles qui répondront aux pensées plus positives que j'entretiens.

J'éprouve un puissant élan d'énergie lorsque je suis délibéré dans ma manière de penser. J'ai l'impression d'avoir toujours su cela, à tous les niveaux, et il est bon de revenir à mes croyances intérieures sur mon pouvoir, ma valeur et mon mérite.

Je mène une vie faite d'abondance et il est agréable de sentir que, quelles que soient mes aspirations, je peux les atteindre. J'aime penser que je n'ai aucune limite.

Je suis apaisé, car je m'aperçois que je n'ai pas besoin d'attendre que l'argent ou les choses se matérialisent pour me sentir mieux. Et désormais, je comprends que dès lors que je me sens mieux, les choses, les expériences et l'argent arrivent : il ne peut en être autrement.

L'air entre et sort de moi naturellement ; il en va de même pour l'argent. Mes désirs l'attirent et mon aisance de pensée lui permet de ressortir. Dedans, dehors. Dedans, dehors.

Waw, merci, j'adore !

Dedans, dehors. Mouvement perpétuel. Toujours aisément. Quoi que je désire, à n'importe quel moment, autant que je le désire – dedans, dehors. »

L'Argent et la loi d'attraction, Esther et Jerry HICKS, extrait p.120.

— 4 —

Quelles petites actions pourriez-vous faire dans les quarante-huit heures ?

Suggestions :

- Écrire « merci payé » sur les dernières factures que vous avez réglées pour reconnaître vos capacités.
- Commencer un tableau des visions, sélectionner des images de vos désirs, prenez des photos avec votre téléphone et regardez-les le plus souvent possible en faisant la méthode WMJ. Vous pouvez aussi les mettre sur votre fond d'écran.

SEMAINE 6

LE TRAVAIL

—1—

Prise de conscience

Qu'est-ce que tu voudras faire quand tu seras grande ? Quel métier tu voudrais faire ? En tant qu'enfant, on a pratiquement tous entendu cette question, ou du moins on se l'est posée à un moment donné.

Certains trouvent très vite la voie de leur cœur ; pour d'autres, le chemin est plus sinueux et compliqué. Leurs perceptions et leurs croyances du travail se feront en observant les adultes qui gravitent autour d'eux. Cette question a plusieurs effets : soit elle ouvre immédiatement les portes d'un champ du possible, soit elle crée beaucoup de confusion.

Face à une mère qui travaille plus de 45 heures par semaine pour gagner un salaire qui ne lui permet pas d'avoir ce qu'elle veut pour honorer tous ses besoins, l'enfant va en tirer des conclusions : il va voir une maman fatiguée, stressée, qui n'est pas en mesure de lui donner toute l'attention et l'amour dont il a besoin. Ces expériences vont générer un certain type de croyances et de perceptions aidantes ou limitantes selon la structure de la conscience de l'enfant à ce moment-là.

Par exemple :
- Le travail me vole ma maman.
- À cause du travail, maman est trop fatiguée pour s'occuper de moi.
- Le travail de maman est plus important que moi.
- C'est à cause de nous qu'elle vit tout cela.
- Plus tard, je ne voudrais pas faire ça.
- Il faut travailler dur.
- La vie est dure…

Waw, merci, j'adore !

Un autre enfant voit son père travailler dur et gagner beaucoup d'argent en investissant tout son temps et toute sa vie dans son travail. Un père absent physiquement et indisponible. Imaginons qu'il soit chef d'entreprise, mais complètement esclave du système qui l'empêche de prendre du temps pour prendre soin de lui.

En observant et en vivant dans ce schéma, l'enfant pourra aussi en tirer des conclusions.

Exemple :
- On doit choisir entre famille et argent.
- On ne peut pas tout avoir en même temps.
- Le travail est plus important que moi.

Il existe bien sûr des milliards d'exemples, autant que d'individus uniques et incomparables.

Et voici le modèle de l'enfant ayant reçu une vision très aidante du travail.

Imaginez-vous qu'il voit ses parents s'épanouir dans leur passion, en vivre aisément, parce qu'ils ont choisi d'honorer leurs passions et de les partager, une maman professeur de danse et un papa chef d'entreprise dans des produits d'innovations qui le passionne. Il a des parents heureux, satisfaits dans leur travail et disponibles pour lui. Qu'est-ce qu'il pourrait en tirer comme conclusions ?

Exemple :
- Tout est possible.
- Plus tard, je ferai un métier que j'adore.
- On peut devenir ce qu'on veut.

Mon fils m'a demandé dernièrement : « Maman, comment on fait si on veut gagner beaucoup d'argent ? » Je lui ai répondu :

SEMAINE 6 : Le travail

« Tu dois chercher à aider beaucoup de gens et répondre à leurs besoins. Plus tu prendras de responsabilités dans la vie et plus tu seras puissant. Plus tu enrichiras des personnes, plus tu seras riche. Ta contribution au monde doit être aux services du Bien et tu en seras fier, et ainsi tu apprécieras toute ta richesse intérieure et extérieure. »

Mon maître spirituel Paramahamsa Nithyananda dit souvent : **Cherchez ce que vous adorez, ce qui vous fait du bien, et partagez-le le plus possible.**

C'est intéressant de voir comment notre perception du travail est beaucoup liée à la relation que l'on entretient avec la vie. Les croyances que l'on nourrit au sujet de sa place dans le monde et sa relation avec l'existence entière.

Pourquoi doit-on travailler ? Certains pourront répondre à l'enfant que c'est pour gagner de l'argent, d'autres pour aider des gens, d'autres tout simplement parce que c'est comme ça, que l'on doit travailler.

Souvenez-vous de vous lorsque vous étiez encore enfant : qu'est-ce que vous pensiez du travail en observant les gens autour de vous à cette époque-là ?
Que vous a-t-on dit au sujet du travail ?
« Mon fils ou ma fille, si tu veux réussir, tu dois... »
Quelle conclusion en avez-vous tirée ?
Identifiez les croyances ou décisions que vous aviez prises à l'époque. Cela vous aidera à mieux comprendre où vous en êtes et quelle relation avec le travail vous souhaitez créer pour le restant de votre vie.
Quant à moi, j'ai eu une maman qui ne travaillait pas officiellement, mais qui œuvrait chaque jour à élever ses

enfants de tout son cœur en leur offrant une sécurité affective et une présence constante.

Mon père, quant à lui, était menuisier, il avait son entreprise, qui marchait bien, mais il a très vite été dépassé par la gestion administrative, et sous le poids des charges, il a préféré fermer sa société et revenir au salariat. Voici les modèles que j'ai reçus ; ils ne me convenaient pas du tout. J'en ai profité pour dire très tôt que je voulais un travail qui m'épanouirait, où je pourrais m'amuser et gagner de l'argent en même temps.

J'ai vite été rattrapée par mes croyances du passé : « Il faut travailler dur pour gagner de l'argent ». J'ai fait ça pendant 12 ans. Jusqu'au jour où j'ai créé ma propre société en 2012.

Notre plus grande richesse, c'est notre temps ! Le temps de pouvoir apprécier pleinement chaque instant de notre vie. Confucius disait aussi : « Choisissez un travail que vous aimez et vous n'aurez pas à travailler un seul jour de votre vie. »
C'est ce que nous devrions apprendre à nos enfants. Éduquer nos enfants en les aidant à découvrir ce qui les passionne, ce qui éveille leur curiosité, ce qui active en eux l'élan et la joie.

Notre rôle devrait être de leur offrir un maximum d'expériences, de leur présenter un buffet d'activités variées, afin qu'ils fassent l'expérience de ressentir ce qui les appelle, de les aider à se connaître, à se découvrir, à communiquer avec eux-mêmes pour mieux communiquer avec les autres.
Dans le domaine spirituel, on appelle cela trouver sa mission de vie, trouver son pourquoi, sa raison de vivre.

Trouver cette activité qui donne un sens profond à notre existence, cette contribution au monde qui honore les valeurs les plus importantes de notre vie. Faire comprendre à chaque enfant qu'il est unique et incomparable et qu'il a un don

SEMAINE 6 : Le travail

particulier à identifier. Lui expliquer qu'il apprendra toute sa vie, qu'il pourra faire plusieurs métiers s'il le souhaite. Et surtout que ces métiers ne seront que des titres ; tel un acteur, il portera des costumes, mais ne deviendra pas le costume. Sinon, il risque de se perdre dans son égo.

Le travail n'est pas un but en soi, mais un véhicule pour nous permettre d'expérimenter l'enrichissement, de faire l'expérience de l'existence en libérant notre plein potentiel au service d'un monde meilleur et plein d'amour.

J'ai accompagné beaucoup de personnes à redéfinir leurs domaines de vie, surtout celui du travail. Des centaines de femmes ont suivi mes ateliers pour harmoniser leur vie privée et professionnelle. Pour cela, je les ai aidées en plusieurs étapes que je vais aussi partager avec vous.

La première consiste à identifier les valeurs honorées à travers le métier et l'activité du moment ou à venir.

1ère **étape :** En quoi est-ce important de faire cette activité ? Qu'est-ce que cela vous apporte ?
Qu'est-ce qui vous apporte le plus de satisfaction dans une journée de travail ? À quel moment pourriez-vous dire « j'adore ce que je fais » ?

Voici des exemples de valeurs :

Sécurité matérielle et financière	Aventure	Loyauté	
Sécurité affective	Aide aux autres	Respect des autres	Imaginaire
Apprendre	Responsabilité	Respect de soi	Esthétisme
Progresser	Justice	Respect	Foi
Savoir/Connaître	Utilité	Confort	Spiritualité
Découvrir	Réalisation professionnelle	Bien-être	Conscience
Plaisir intellectuel	Reconnaissance Sociale	Plaisir	Amour
Transmettre	Efficacité	Epanouissement	Famille
Evoluer	Accomplissement	Harmonie	Travail
Autonomie	Réussite	Se réaliser	Patrie
Indépendance	Contrôle	Bonheur	Pouvoir
Liberté	Honnêté	Amitié	Argent
Authenticité	Authenticité	Complicité	Santé
Intégrité	Enrichissement	Partage	Ecologie, Nature...
Fidélité		Communication	
		Créativité	

Waw, merci, j'adore !

2e étape : Et si l'argent n'était pas la question, qu'est-ce que vous feriez ?

Beaucoup d'entre nous se laissent aveugler par le besoin d'argent pour prendre des décisions dans le domaine professionnel. L'argent est une bonne excuse pour ne pas prendre le temps d'écouter son cœur.
La bonne nouvelle, c'est qu'en honorant son cœur, on gagne plus facilement de l'argent.
Faites-en un objectif à atteindre dans les prochaines années.

3e étape : Autorisez-vous à imaginer une journée de travail idéale, du matin au coucher. Libérez votre créativité. C'est un jeu, autorisez-vous à imaginer.

4e étape : Si vous aviez plus de temps, que feriez-vous qui vous fait vraiment du bien ?

5e étape : Où passe votre temps ?

Il y a dix ans, j'ai arrêté de regarder la télévision. J'avais fait un test une semaine pour voir à quoi ressemblerait ma vie sans télé ; j'ai alors pris conscience que je pouvais y consacrer 4 heures par jour, soit 20 h par semaine, et en comptant les week-ends, je pouvais aller jusqu'à 30 h en tout...
En me libérant ce temps, je n'avais plus d'excuses pour ne pas commencer à peindre, lire, écrire, méditer, sortir, cuisiner, ranger ma maison...

6e étape : Méditer et demander à notre cœur de nous guider vers notre véritable mission de vie et de nous libérer de toutes les peurs et les obstacles avec la méthode WMJ.

SEMAINE 6 : Le travail

Aujourd'hui, encore plus qu'à tout autre moment de l'histoire de l'humanité, il est important de donner du sens à son travail. La condition de survie n'est plus suffisante pour dépasser les contraintes des mesures sanitaires, des règles de plus en plus strictes imposées dans certains pays.
Tous ces problèmes de dépressions, de violences, de fatigues chroniques et de maladies sont le reflet de ces cœurs qui demandent qu'on les honore.
Les gens ont besoin de considération, de reconnaissance, de compassion, de soutien psychologique, d'éducation et de guidance. Beaucoup ont besoin de donner davantage de sens à leur contribution, à leur travail et à leur vie en général. Se lever pour payer des factures n'est plus suffisant.

Les métiers sont appelés à évoluer, à apporter davantage de profondeur dans la qualité des relations humaines. La plupart des gens, surtout dans une grande partie des pays occidentaux, ont atteint le niveau de satisfaction de leurs besoins matériels primaires. L'Humanité aspire à une qualité d'échange, un enrichissement spirituel au-delà d'un service ou d'un objet, mais quelque chose qui les transforme. La qualité du produit et des relations autour de l'objet sera de plus en plus importante.

Pendant très longtemps, le travail était au service des besoins de survie pour les besoins du corps. Maintenant, c'est
devenu des besoins de l'esprit, c'est l'ère de l'information. Ce prochain siècle sera principalement lié à la structuration des consciences de l'humanité.
La connaissance des pouvoirs de l'esprit sur la matière.

Au-delà de toutes les religions, le monde se connecte de plus en plus à la spiritualité. Notre travail nous apportera encore plus de joie et de satisfaction si nous prenons bien conscience de la valeur ajoutée que cela apporte à l'humanité. J'aime

Waw, merci, j'adore !

imaginer la planète Terre comme un seul et immense corps, dans lequel chaque être humain représenterait les cellules de ce corps : si chaque cellule œuvre à être pleine de lumière, pleine d'amour, en pleine santé et dans sa pleine expansion, elle aide le système entier à s'épanouir.

Chaque métier compte, c'est notre manière de partager qui fait la différence. Pour illustrer ce propos, je vous partage ce poème de Khalil Gibran que j'affectionne tout particulièrement au sujet du travail.

« Le travail est l'amour rendu visible. Et si vous ne pouvez travailler avec amour, mais seulement avec dégoût, il vaut mieux vous asseoir à la porte du temple et recevoir l'aumône de ceux qui œuvrent dans la joie. Car si vous faites le pain avec indifférence, vous faites un pain amer qui n'apaise qu'à moitié la faim de l'homme. Et si vous pressez le raisin de mauvaise grâce, votre regret distille un poison dans le vin. Et si même vous chantez comme les anges et n'aimez pas le chant, vous fermez les oreilles de l'homme aux voix du jour et de la nuit. »

Le Prophète de Khalil Gibran.

— 2 —

Pratique de la méthode Waw, merci, j'adore !

Je libère toutes les résistances émotionnelles… Ou **je libère et je lâche…**

- La frustration des contraintes liées au travail.
- La blessure de trahison avec le travail et la compétition.
- La blessure de rejet avec le travail et la comparaison.
- La blessure d'abandon avec la non-approbation de mes désirs.
- La blessure d'humiliation liée à mon travail.
- La blessure d'injustice d'être identifié à mon travail.
- Le jugement des autres sur le statut social.
- Le besoin de reconnaissance dans le travail.
- La fatigue et le poids liés au travail.
- L'obligation de travailler.
- Toutes les informations toxiques au sujet du travail.
- Toutes les attentes pesantes.
- La pression liée à l'argent dans le travail.
- La peur de ne pas travailler.
- La culpabilité avec mon travail.
- Les sentiments de frustration avec mon travail.
- La rage de ne jamais être assez bien.
- La pression ressentie par les autres.
- La jalousie de mon conjoint.
- La culpabilité de travailler par rapport aux enfants.
- La tristesse du manque de soutien.
- La déception avec les autres.
- L'impuissance de la jalousie des autres.
- La peur et l'impuissance d'être rejeté par les autres.
- La peur d'être trahi par l'autre.

Waw, merci, j'adore !

- La peur d'être abusé par l'autre est de souffrir encore.
- La méfiance des autres.
- Les conflits émotionnels entre les autres et mon travail.
- La frustration de travailler dur.
- La colère de ne pas gagner assez.
- La blessure de rejet de mon travail à cause de l'argent.
- Les inquiétudes envers mon travail.
- Le manque de confiance en moi.

Déclarations conscientes « Affirmations »

Waw, merci, j'adore ! (En apnée, vous répétez dans votre tête et vous soufflez…)
Waw, merci, j'adore mon travail et je donne le meilleur de moi-même.
Waw, merci, j'adore…
- Mes relations avec les clients et les autres sont harmonieuses.
- Changer et évoluer dans mon travail pour plus de paix et de joie.
- Sentir que je suis utile et que mon travail représente le bien.
- Avoir des rapports harmonieux avec mes associés.
- Avoir confiance en moi-même et assumer que je suis la meilleure.
- Avoir du succès dans mes affaires.
- M'aimer et donner mon amour aux autres avec puissance.
- Me sentir libre et en confiance d'exercer mon travail.
- Être authentique.
- Prendre des responsabilités.
- Donner le meilleur de moi-même.
- Faire preuve d'attention et de considération envers les gens.

SEMAINE 6 : Le travail

- Me lever tous les matins heureux de travailler.
- Être en harmonie avec la société.
- Avoir une activité prospère et avoir du temps.
- Avoir tout le temps dont j'ai besoin.
- Me sentir être le maître du temps.
- Aider les autres et me sentir utile tout en m'épanouissant.
- M'améliorer tous les jours un peu plus.
- Avoir une vie professionnelle et personnelle équilibrée et juste pour moi.
- Gagner beaucoup d'argent grâce à mon travail.

— 3 —

Visualisation créatrice

Vous pouvez lire ou bien écouter tout de suite votre visualisation en flashant le QR code (positionnez votre appareil photo devant).

Installez-vous confortablement. Faites en sorte de ne pas être dérangé pendant quelques minutes. Fermez les yeux et portez votre attention sur votre respiration. Prenez une grande inspiration par la bouche, restez en apnée et répétez intérieurement : « Je libère et je lâche toutes les tensions dans mon corps. » Très bien, recommencez encore deux fois. Maintenant, inspirez, retenez l'air et répétez intérieurement : « Waw, merci, j'adore prendre un temps pour moi et me recentrer pour me sentir encore mieux. » Encore une fois. C'est très bien. Observez comment l'air entre et sort à travers vous, ce souffle que vous inspirez et expirez. Observez le chemin par lequel il entre dans votre corps, jusqu'où il va, par où il passe, est-ce qu'il circule librement. Autorisez-le à circuler davantage.

Aujourd'hui, nous allons nous concentrer à envoyer de bonnes émotions, notamment de la gratitude pour le travail que vous avez déjà, celui que vous souhaitez ou tous ceux que vous avez eus jusqu'à présent. Il s'agit d'apporter une conscience plus riche et lumineuse encore dans ce domaine de vie pour que vous puissiez l'harmoniser. Comme vous le savez, plus vous témoignez de la reconnaissance à l'égard de votre activité, votre emploi, votre entreprise, vos clients ou vos employés, plus votre activité sera prospère.

Car à tout homme qui a de la gratitude, on donnera encore et il sera dans l'abondance, mais à celui qui n'en a pas, on lui enlèvera même ce qu'il a. Dans cette visualisation, je vous propose de faire des libérations avec la méthode Waw, merci, j'adore ! de toutes les frustrations, les émotions inconscientes, de blocages en lien avec le dossier « travail » dans votre inconscient.
Vous allez augmenter votre vibration de gratitude et l'amplifier au quotidien, en vous donnant de la reconnaissance pour tout le travail que vous accomplissez.
Parfois, l'égo peut créer des insatisfactions lorsqu'il se focalise sur le résultat et qu'il ne voit pas les résultats immédiats de son travail.
Vous allez penser à votre travail, peut-être aux situations d'insatisfaction, de frustration. Ou des moments où vous vous plaignez, où ça ne va pas comme vous le voulez. Une fois que vous avez des expériences, des dossiers qui viennent de cela ou des ressentis par rapport à cela, prenez une grande inspiration par la bouche et écoutez mes instructions en laissant aller toutes ces émotions limitantes du passé.

- Prenez une grande inspiration par la bouche ; maintenant, bloquez, « Je libère et je lâche tous les blocages émotionnels avec mon travail » et vous soufflez.
- Une grande inspiration, « Je libère et je lâche toute la frustration et le stress liés à mon travail » et soufflez.
- Grande inspiration : « Je libère et je lâche tous les blocages émotionnels positifs et négatifs liés aux résultats dans mon travail » et soufflez.

SEMAINE 6 : Le travail

- Grande inspiration, « Je libère et je lâche toute la frustration liée à la reconnaissance de mon travail ».
- Inspirez profondément par la bouche, gonflez bien le ventre, « Je libère et je lâche toute la blessure de trahison avec la reconnaissance au travail » et vous soufflez.
- Grande inspiration, « Je libère et je lâche toute la blessure de rejet de la reconnaissance au travail » et vous soufflez.
- Laissez aller les mémoires conscientes et inconscientes par rapport à la reconnaissance au travail.
- Prenez une grande inspiration, « Je libère et je lâche toute la blessure d'abandon de la reconnaissance dans mon travail » et vous soufflez.
- Inspirez profondément, « Je libère et je lâche toute la blessure d'humiliation liée au manque de reconnaissance dans mon travail » et soufflez.
- Encore, inspirez et bloquez, « Je libère et je lâche toute la blessure d'injustice avec la reconnaissance ou son absence dans mon travail » et vous soufflez.

On vient de libérer, de nettoyer, les schémas conscients ou inconscients de frustration du passé dans votre corps.
Et maintenant, je vous invite à repenser comme s'il y avait une ligne du temps et aller vous balader sur votre ligne du temps passé pour revoir toutes ces expériences professionnelles que vous avez réalisées durant ces 5 et 10 dernières années.
Et vous allez remonter dans le temps tranquillement. Et à chaque expérience de travail, vous allez venir l'accompagner d'un sentiment de gratitude, « Merci, merci, merci d'avoir pu avoir cette expérience, de donner, d'exprimer mon potentiel à travers ce travail » et vous soufflez.
Remémorez-vous différentes situations, les plus agréables dans votre travail, et remerciez.

Waw, merci, j'adore !

« Merci, merci, merci, à tous mes clients, mes collègues. Merci à toutes les personnes qui m'ont fait confiance. »

« Merci, merci, merci, d'avoir un travail » et continuez pendant une minute à laisser défiler les expériences de travail agréables et d'accompagner profondément ces expériences par un sentiment de gratitude, et si une émotion remonte, inspirez par la bouche et soufflez. Respirez et laissez la gratitude s'amplifier dans vos cellules pour lui laisser prendre place en activant la pleine reconnaissance de votre travail pour amplifier tous ces bienfaits dans votre présent.

Continuez de remercier.

« Merci, merci, merci… »

Pensez maintenant à tout ce que vous appréciez dans votre travail actuel.

- Quels sont vos moments préférés dans votre travail ?
- Qu'est-ce qui vous fait vibrer dans votre travail ?
- Quels sont les clients avec lesquels vous préférez travailler ?
- Quelles sont les raisons pour lesquelles vous pouvez les remercier ?

Vous faites toujours du mieux que vous pouvez et vous vous améliorez de jour en jour. Vous vous encouragez en vous rappelant que ce que vous êtes suffit. Et que ce que vous faites suffit. Vous continuez tout simplement à évoluer et à donner le meilleur de vous-même par amour pour vous-même et pour contribuer à votre manière, à votre niveau à l'avancement du monde. Respirez profondément et répétez intérieurement : « Ce que je suis suffit, je ne suis pas mon travail, ce que je suis suffit… Ce que je suis suffit. » Et comme ce que vous êtes suffit, ce que vous faites suffit aussi. Vous êtes complets, vous êtes suffisants, il ne vous manque rien, ce que vous êtes suffit. Et comme ce que vous êtes suffit, votre travail se fait avec plaisir pour partager cette complétude au monde.

SEMAINE 6 : Le travail

Répétez-vous encore et encore : « Ce que je suis suffit. » Notez-le sur votre miroir, écrivez-le sur un post-it près de votre ordinateur et de votre activité principale. Ce que je suis suffit, cette croyance fondamentale s'inscrit en lettres d'or dans votre inconscient et se répand dans toutes vos cellules, comme le thé se diffuse dans une tasse d'eau chaude.

Et tranquillement, doucement, à votre rythme, vous allez ouvrir les yeux et reprendre vos activités avec la conscience de la gratitude et de la chance que vous avez de faire vos activités.

— 4 —

Quelles petites actions pourriez-vous faire dans les quarante-huit heures ?

Suggestions :

- Faites la liste des 10 choses que vous aimez le plus au sujet de votre travail actuel ou celui désiré.
- Comment pourriez-vous rendre votre travail encore plus agréable pour vous ?
- Faites la liste de vos plus grandes compétences. Plus vous les reconnaîtrez, plus les autres les reconnaîtront aussi.
- Programmez un moment pour écouter votre méditation guidée.

SEMAINE 7

LES LOISIRS

—1—

Prise de conscience

C'est un domaine de vie très subjectif. Cela concerne toutes les activités en dehors de vos activités professionnelles que vous prenez plaisir à accomplir. Cela peut être des activités que vous accomplissez seul ou avec d'autres. Ces moments ont souvent pour but de vous apporter encore plus de bien-être. Ils sont indispensables pour avancer en mode Waw sur le chemin, en gardant à l'esprit que le bonheur, c'est la joie, c'est une fleur qui se respire sur le chemin et non une destination. N'attendez pas la retraite pour satisfaire vos loisirs. Ne tombez pas dans la maladie du : « un jour, quand j'aurai fait ceci, je ferai cela. Un jour, quand j'aurai plus de temps, je partirai en voyage. Un jour, quand j'aurai plus d'argent, je me ferai masser. » Attention, car ce jour pourrait ne jamais arriver. Le meilleur jour, c'est aujourd'hui.

L'excuse que mes clients me donnent le plus souvent quand il s'agit des loisirs est : « Je n'ai pas le temps pour ça. » Je leur réponds : « Imagine que tu aies beaucoup du temps rien que pour toi, qu'est-ce que tu ferais ? »
Dans 80 % des cas, la réponse est : « Euh, je ne sais pas. » Voilà pourquoi ils n'ont pas de loisirs. Le cerveau a horreur de perdre et il n'aime pas l'inconnu. Si on ne lui dit pas ce que l'on va faire durant ce temps libéré, en quoi cela va consister, ce qu'il va gagner à le faire, il reste dans les mécanismes qui nécessitent le moins de contraintes, le moins d'énergie, à savoir continuer à faire ce qu'il sait faire. Notre cerveau reptilien ne raisonne qu'en termes de perte ou de gain. Quand un individu stresse, il se retrouve en mode survie, le cerveau

raisonne seulement en termes d'attaque ou de fuite. C'est pour cela qu'il est nécessaire de répondre à ces quelques questions qui vous aideront à identifier les loisirs que vous aimeriez ramener dans votre présent :
En quoi est-ce important pour moi d'avoir des loisirs ?
Qu'est-ce que cela m'apporte ?
Que vais-je gagner de plus ?
Qu'est-ce que je pourrais faire que j'adorais déjà durant mon enfance ? Quelle serait la chose la plus amusante et ressourçante pour moi ?

Citez dix choses que vous aimez faire (escalade, voyage, cuisine, danse, dessin, faire l'amour, lecture, course, cheval, randonnée, chant, piscine, peinture, théâtre, roller, vélo, saut en parachute, ainsi de suite). Quelle était la dernière fois où vous vous êtes permis de faire ces choses-là ?
Choisissez deux activités sur lesquelles vous pourriez concentrer votre attention cette semaine.

Les moments de loisirs sont des moments importants pour vous connecter à vous et libérer votre joie. Ce sont des moments propices pour vos créations délibérées et surtout pour nourrir votre âme d'enfant. En plus, j'ai remarqué que c'est souvent en pratiquant mes loisirs que mes idées pour mon business me viennent ou pour améliorer une situation dans ma vie.
Une simple balade en forêt est tellement nourrissante. Honorer ses loisirs, c'est reconnaître tout l'amour que l'on a pour soi-même. C'est comme aller à la station d'essence pour faire le plein de la voiture. On s'arrête, mais c'est pour faire le plein, c'est un rendez-vous avec notre âme.

— 2 —

Pratique de la Méthode Waw, merci, j'adore !

Voici quelques freins, blocages, croyances et conflits limitants :
Inspirez par la bouche, restez en apnée et dites-vous :
Je libère et je lâche tous les blocages émotionnels avec…
Ou je libère et je lâche…
- Je n'ai pas le temps de m'amuser.
- La blessure de trahison avec mes loisirs.
- La blessure de rejet de mes loisirs.
- La blessure d'abandon de mes loisirs.
- La blessure d'humiliation de mes loisirs.
- La blessure d'injustice avec mes loisirs.
- Le pessimisme et le scepticisme avec « m'amuser ».
- La frustration avec « m'amuser ».
- Les doutes avec j'ai le droit de m'amuser.
- J'ai tout le temps dont j'ai besoin.
- Le découragement, le temps et mes loisirs.
- La colère de ne pas m'amuser.
- Les blâmes avec « m'amuser ».
- L'impuissance à m'amuser.
- Mon côté trop sérieux.
- La haine de ne pas pouvoir prendre du bon temps.
- La peur de la jalousie des autres avec mes loisirs.
- La culpabilité de prendre du temps pour mes loisirs.
- La tristesse avec « je m'amuse ».
- Les peurs de perdre mon temps.
- La colère de ma joie.
- La peur de me reconnecter à ma joie.
- La honte d'être heureux et d'être rejeté.
- L'impuissance à me dire oui.
- Les conflits émotionnels entre travail et loisirs.

- Le stress, la frustration entre travail et loisirs.
- Les résistances entre amour et loisirs.
- La colère avec les autres et mes loisirs.
- L'insécurité avec « j'honore mes loisirs ».
- La peur d'être critiqué si je m'amuse.
- Les résistances liées à « je peux m'amuser et réussir professionnellement ».
- Les résistances avec « je suis à l'écoute de mes plaisirs et de mes envies ».
- La peur d'être égoïste et gaspiller du temps.
- Le fait de devoir choisir « gagner de l'argent » ou « en dépenser ».
- Ça coûte trop cher, je ne peux pas.

Notez vos pensées négatives ou croyances limitantes et prenez le temps de les libérer. Faites-vous ce cadeau de légèreté. Prenez un temps, relisez cette liste et voyez ce que cela provoque dans votre corps. C'est l'occasion parfaite pour prendre de belles décisions, honorer vos loisirs, car plus vous êtes bien, meilleures seront les opportunités que vous attirerez pour votre succès. C'est de l'intelligence de prendre soin de soi quand on comprend les mécanismes du cerveau et de la réalité.

Déclarations conscientes « Affirmations »

Waw, merci, j'adore !
- Avoir tout le temps dont j'ai besoin.
- M'autoriser à prendre du bon temps avec confiance.
- Être fier de réaliser mes passions maintenant.
- Prendre du temps pour me ressourcer et faire le plein d'énergie.
- Faire du bien à mon entourage, et plus je me sens bien, plus je leur fais du bien.

SEMAINE 7 : Les loisirs

- M'autoriser à être heureux.
- M'épanouir dans mes loisirs.
- Prendre du temps pour moi avec joie.
- Reconnaître et célébrer mes réussites.
- Consentir à m'épanouir dans tous les domaines de ma vie.
- Pouvoir tout avoir en même temps, ma réussite professionnelle et personnelle.
- Me sentir en harmonie dans le travail, l'amour et mes loisirs.
- M'épanouir et inspirer les autres à en faire autant.
- M'occuper de moi, comme ça, je peux aussi aider les autres.
- Être plus productive et avoir plus de temps pour mes loisirs.
- Ce merveilleux sentiment de calme et d'harmonie en moi.
- Avoir tout ce dont j'ai besoin pour être bien maintenant.
- Prendre le temps de vivre pleinement le chemin, quelle que soit la destination.
- Travailler moins et gagner plus d'argent et de temps.
- Être riche de mon temps.
- Être de plus en plus dans l'accomplissement, dans tous les domaines.
- M'amuser et recevoir tous les bienfaits que la vie m'offre.

— 3 —

Visualisation créatrice

Vous pouvez lire ou bien écouter tout de suite votre visualisation en flashant le QR code (positionnez votre appareil photo devant).

Prenez un temps pour vous installer confortablement. Portez alors votre attention sur votre respiration. Écoutez le son de votre souffle, qui parcourt votre corps et permet à la vie de circuler en vous. Imaginez maintenant ce souffle couleur or vous parcourir, en passant par la tête, le cou, le haut de votre corps, puis vos bras, votre plexus solaire.
À son passage, peut-être que vous sentez une détente s'installer. Alors que vos muscles se décontractent de plus en plus, autorisez-vous à vous détendre. Le souffle d'or pur d'amour parcourt plus profondément votre être à chaque respiration, votre attention se focalise sur le ventre qui baigne dans un nuage de lumière.

Ressentez vos organes se détendre et continuez à vous apaiser de plus en plus, jusqu'à visualiser la lumière enveloppant le

bas de votre corps. Imaginez-vous maintenant dans un futur proche en train de pratiquer vos loisirs.
Comment êtes-vous ?
À quel endroit cela se passe-t-il ?
Que voyez ou ressentez-vous ?
Quels types de pensées entretenez-vous à ce moment-là ?

Appréciez l'expérience sous tous les angles avec gratitude, continuez à imaginer quelles autres activités pourraient vous intéresser, tout est possible. Choisissez l'activité qui vous fait le plus envie, puis ressentez. Envoyez ces intentions créées dans le ciel, où elles prennent forme pour se manifester prochainement dans votre vie, dans la grâce et l'aisance, la paix, l'amour et la lumière.
Et tranquillement, vous pouvez ouvrir les yeux.

— 4 —

Quelles petites actions pourrais-tu faire dans les quarante-huit heures ?

Suggestions :

- Pensez à un ou deux loisirs que vous aimeriez faire.
- Renseignez-vous pour vous inscrire à une activité qui vous ressourcera au moins une fois par semaine.

POUR CONCLURE

Waw, merci, j'adore !

Ce livre est plein de solutions, chacun y prendra ce que sa conscience est prête à recevoir. Je vous invite à pratiquer au quotidien la Méthode Waw, merci, j'adore ! C'est l'opportunité de vous transformer en douceur et en conscience, plutôt que d'attendre que la vie vienne vous pousser à le faire de manière moins confortable.

Merci de le partager avec des personnes prêtes à passer à l'étape suivante. Nous nous devons, pour les générations à venir et pour l'évolution du monde, de nous libérer des vieux schémas limitants qui font que des personnes restent bloquées en mode Zombie et continuent à souffrir et faire souffrir leur entourage. Il est grand temps que l'humanité passe à sa prochaine étape, c'est d'ailleurs déjà le cas. Les consciences sont de plus en plus structurées et prêtes à activer leurs pouvoirs lumineux sur la réalité, pour un monde meilleur pour tous. Nous devons être plus nombreux à utiliser nos super pouvoirs, notre potentiel illimité pour contrôler la réalité et aider un maximum de personnes à se libérer de leurs chaînes intérieures puis extérieures.

La Méthode Waw, merci, j'adore, pour plus de personnes en mode Waw sur la Terre. Que la paix et le bonheur soient dans tous les cœurs. Que tous les êtres humains puissent libérer en pleine conscience leur créativité et honorer leur âme dans la grâce et l'aisance, la paix, l'amour et la lumière.

Soyez courageux, dépassez vos peurs, votre égo, et structurez votre conscience pour être un canal de lumière d'amour pour le plus grand Bien de tous.
Qu'il en soit ainsi.
Avec tout mon amour et mon respect.

Leïla

POUR CONCLURE

J'ai traduit cette petite histoire que j'adore du livre *Living Enlightenment* de Parahamsa Nithyananda.

Histoire de Dakshinamurthy Swamigal

Il était une fois un maître éclairé du nom de Dakshinamurthy Swamigal. Il était constamment assis sous un arbre banian. La présence de ce maître était si intense et diffuse qu'on pouvait la toucher, la sentir et presque la voir. Sa présence silencieuse était tellement puissante que ni lui ni l'autre personne n'avaient besoin de parler.

Un des poètes de la cour du royaume chantait mille versets sacrés sur Dakshinamurthy Swamigal, qu'il appelait un saint. Ce poète a dit que Dakshinamurthy Swamigal était « le plus grand guerrier ». Selon la tradition, on ne pouvait vous donner le titre de « plus grand guerrier » que si vous tuiez mille éléphants dans une guerre.

Ce poète a chanté les mille versets sacrés faisant éloge de la puissance et des qualités héroïques de Dakshinamurthy. Lorsque le roi entendit cela, son égo fut blessé, car on savait dans toute la région qu'il était le seul à avoir tué mille éléphants à la guerre. Jusqu'à cette époque, seul le roi avait le titre de plus grand guerrier.

Le roi appela le poète et lui dit avec colère : « Justifie ton geste, dis-moi pourquoi tu as chanté les mille versets sacrés à la louange du mendiant nu assis sous l'arbre banian. Sinon, ta tête sera coupée. » Le poète a dit : « Je n'ai aucune raison ou justification. Vous pouvez me tuer. Mais il y a quelque chose dans sa présence. Je voudrais vous faire une petite demande : si vous avez le temps, allez vous asseoir en sa présence une seule fois. C'est tout ce que je vous demande, rien d'autre. »

Waw, merci, j'adore !

Le roi était curieux d'en savoir plus sur Dakshinamurthy Swamigal. Avec toute son armée, il partit à sa rencontre ! Les rois voyagent toujours avec leur attirail, car ils perdent leur identité sans lui ! En revanche, Dakshinamurthy Swamigal était un Paramahamsa, un maître éclairé. Le roi le trouva assis sous un grand arbre banian, sans attirail ni même de vêtements. Il était juste heureux en lui-même.

Imaginez la scène : ce simple mendiant était assis dans un coin sans aucun vêtement. Il fusionnait avec la béatitude et la paix, complètement perdu dans l'existence. Il était assis dans un silence et une paix intenses. Le silence pénétrait quiconque se trouvait en sa présence.

Le roi sauta de son char et se dirigea vers Dakshinamurthy Swamigal. En voyant le roi et son armée et en entendant toute leur agitation, Dakshinamurthy n'a même pas bougé. Il ouvrit les yeux et regarda le roi droit dans les yeux. C'était la première fois que quelqu'un osait regarder le roi droit dans les yeux. Le roi avait toujours regardé les autres et ils avaient toujours baissé la tête. C'était la première fois que quelqu'un regardait directement dans les yeux du roi. Il était complètement secoué.

Au bout de quelques secondes, le roi baissa la tête. Il avait clairement senti que quelque chose se passait à l'intérieur de son être. Dakshinamurthy Swamigal, le maître, fit signe au roi de s'asseoir. Tous les ministres et l'armée déposèrent leurs armes et s'assirent également silence. En dix minutes, toute l'armée était assise.
Une heure s'écoula. Puis deux heures passèrent, trois heures, et le soir vint et repartit. Une journée entière s'est écoulée. Le

POUR CONCLURE

maître, le roi et toute l'armée se sont assis en silence. Pas un seul mot n'a été échangé. Trois jours passèrent.

Alors, le maître ouvrit les yeux et dit : « Maintenant, vous pouvez partir. »

Le roi s'effondra aux pieds du maître, lui rendit hommage au et partit en silence. Il atteignit son palais, convoqua le poète qui avait écrit les versets à la louange de Dakshinamurthy Swamigal et a dit : « Pourquoi n'avez-vous écrit que mille versets à la gloire du maître ? Vous devriez chanter dix mille versets ! »

Le poète a ensuite fait une belle déclaration : « Tuer dix mille éléphants est facile. Il suffit d'avoir les armes pour les tuer. Mais tuer son égo est un véritable exploit ! »

Ce maître avait tué son égo. Non seulement Dakshinamurthy Swamigal avait tué son propre égo, mais il pouvait tuer l'égo de quiconque s'asseyait en sa présence. Tuer dix mille éléphants ne demande pas de courage. Tuer son égo demande du courage.

Fin de l'extrait

Table

MISE EN CONDITION   **11**
1. Mon propre parcours   13
2. La Méthode Waw, merci, j'adore !   21
3. Le processus de libération de vos blocages ou résistances se fera en 3 étapes   35
4. Comment utiliser la Méthode Waw, merci, j'adore   49
5. Quels sont les différents domaines de vie ?   57
6. Et si on parlait des émotions ?   61
7. Le mode zombie   75
8. C'est quoi l'énergie ?   89
9. Le pouvoir des bonnes questions   97
10. Les principes de base pour être plus en mode WAW dans votre vie   101

7 SEMAINES POUR VOUS LIBÉRER DE VOS BLOCAGES   **123**

SEMAINE 1 - Le développement personnel   127
SEMAINE 2 - La santé, le corps   147
SEMAINE 3 - Les relations   165
SEMAINE 4 - La romance   185
SEMAINE 5 - Quelle est votre histoire avec l'argent ?   199
SEMAINE 6 - Le travail   217
SEMAINE 7 - Les loisirs   239

POUR CONCLURE   **251**

MERCI, MERCI, MERCI.

Je tiens à remercier mon père et ma mère, et tous mes grands maîtres dans toutes les dimensions, et en particulier Paramahamsa Nithyananda et Maggie Hayoun.

Merci à toutes les personnes que j'ai croisées sur ma route, qui m'ont enrichie chacune à leur façon. Merci à mes enfants Kenzo et Shiva qui m'enseignent tous les jours la joie, et un grand merci à mon âme sœur d'amour, Jérôme.
Merci pour tout l'amour que je partage avec vous et que j'ai envie de partager avec le plus grand nombre d'êtres humains.

Un grand merci à Leslie Serra pour son aide précieuse.

Merci à toi, lecteur de ce livre.
Merci pour le soutien divin que je reçois à chacun de mes pas.
Merci à moi d'enrichir tous les jours des vies.

« *Au-delà de notre égo, dans la pleine conscience de l'énergie cosmique en nous, réside l'expression libre et puissante de notre âme divine pour le bien et le salut de l'humanité.* »

Leïla Belakhdar

Découvrez les autres collections de JDH Éditions

Magnitudes

Drôles de pages

Uppercut

Nouvelles pages

Versus

Les collectifs de JDH Éditions

Case Blanche

Hippocrates & Co

My feel good

Romance Addict

F-Files

B-Files

Les Atemporels

Quadrato

Les Pros de l'éco

À découvrir dans la collection Baraka

L'Édredon

La revue littéraire de JDH Éditions

Venez découvrir les textes de la revue

Textes et articles dans un rubriquage varié (chroniques, billets d'humeur, cinéma, poésie...)

Suivez **JDH Éditions** sur les réseaux sociaux
pour en savoir plus sur les auteurs,
les nouveautés, les projets…

Inscrivez-vous à notre Newsletter sur
www.jdheditions.fr
Pour recevoir l'actualité de nos nouvelles
parutions